FEILIAO
SHIJIA
BIANLIE YU
WEIQUAN

肥料识假辨劣与维权

陈亚东 著

中国农业出版社
北 京

序

肥料是农作物的粮食，作物只有吃得好，才能生产出高产优质的农产品。但是近年来，一些不法厂商和商贩相互勾结，生产销售一些假冒伪劣肥料，加上农民没有识别肥料真假的能力，极易上当受骗，并遭受很大的损失。

本书著者长期从事农业生产一线工作，目睹了许多因假劣肥料导致的农作物受害、减产的事例。农民朋友因购买假劣肥料受损后那种无助、痛苦，让他萌生了撰写一本肥料识假辨劣与维权的书，以增强农民识别真假肥料的能力，尽量避免上当受骗。

本书以GB 18382—2001《肥料标识 内容和要求》和NY 1979—2010《肥料登记 标签技术要求》以及各种肥料的执行标准为依据，插入市场上销售的各种肥料的包装标识图片，并指出图片中肥料包装标识不规范之处。同时还采用一些简单易行，农民可以做到的方法，对肥料进行简单的测试识别，如火烧、水溶等，并附上测试时肥料发生变化的图片和文字说明。农民通过该书可以非常直观地了解肥料包装标识的知识以及一些简单的鉴别方法。

该书共分为四部分，第一部分以介绍肥料基础知识为主，包括作物所需养分的定义、作用，肥料的基本概念、分类等。第二部分主要阐述肥料包装标识的规范用法，并列举一些假劣肥料的不规范包装标识，通过包装标识对比来鉴别真假。第三部分以动手操作为主，通过一些简单的试验，并结合人们的感官来辨假识劣。第四部分主要阐述因肥料质量发生纠纷，进行解决的一些方法。

该书文字简洁明了，通俗易懂，图片来自于生产生活中，让人一看就懂，非常适合农民朋友阅读，同时基层农技推广人员、肥料厂家业务员、农资经营者、土地经营大户也可以参考使用。我相信该书的出版对提高农民朋友购买肥料识假辨劣的能力、提高肥料行业从业者的素质以及规范肥料市场环境将产生深远的影响。

2017年11月20日

目 录

出版说明

序

第一讲　肥料基础知识 …… 1

1.高等植物所必需的营养元素都有哪些? …… 1

2.哪些营养元素叫作大量元素? …… 2

3.哪些营养元素叫作中量元素? …… 2

4.哪些营养元素叫作微量元素? …… 2

5.哪些营养元素叫作“肥料三要素”? …… 2

6.什么叫作肥料? …… 2

7.什么是假肥料? …… 3

8.什么是劣质肥料? …… 3

9.肥料有哪些种类? …… 3

10.什么是化学肥料（化肥）? …… 3

11.化学肥料共分为几类? …… 3

12.什么是复混肥料? 什么是复合肥料? 什么是掺混肥料? 什么是有机无机复混肥料? …… 4

13.什么是有效磷? 什么是水溶性磷? …… 5

14.什么是氧化钾? …… 6

15.复混肥料养分含量如何标识? …… 6

16.单质化肥养分含量如何标识? …… 7

第二讲　通过肥料包装标识识假辨劣 …… 8

17.真假肥料外包装的底色与标识有何区别? …… 8

18.真假肥料包装袋或标签上标识的文字有什么区别? …… 10

19. 规范的肥料包装袋或标签上的主要标识内容
是什么？标识使用文字字号有什么要求？…………… 11
20. 包装袋或标签上使用错别字的肥料是假劣肥料吗？… 11
21. 如何通过肥料的名称识别真假？……………………… 13
22. 肥料执行标准如何标注？……………………………… 20
23. 如何通过肥料执行标准来识别肥料真假？………… 23
24. 如何通过肥料生产许可证号来识别肥料真假？……… 31
25. 肥料登记证号应该如何标注？……………………… 32
26. 如何通过肥料登记证号来识别肥料真假？………… 34
27. 肥料包装上警示标识如何标注？…………………… 37
28. 肥料包装袋或标签上标识驰名商标的是
假劣肥料吗？……………………………………………… 38
29. 肥料包装袋或标签上标识免检产品的是假劣肥料吗？ … 38
30. 肥料包装袋使用名人或明星形象做代言的
肥料是假的吗？…………………………………………… 39
31. 如何通过养分含量识别肥料的真假？……………… 39
32. 配合式中的磷、钾替换成其他元素或物质的
复混（合）肥料，是假的吗？………………………… 44
33. 磷酸二铵的养分可以由氮、磷之外的其他元素
和物质组成吗？磷酸二铵可以由磷酸二铵
颗粒和其他肥料颗粒掺混而成吗？…………………… 45
34. 假劣复混（合）肥料怎样标识中、微量元素？……… 46
35. 如何识别含氯复混（合）肥料的真假？…………… 47
36. 掺混肥料包装容器上可以标识中、微量元素吗？
如何标识？……………………………………………… 48
37. 掺混肥料可以将未经混合均匀的添加物以
小包装形式放入大包装袋内吗？……………………… 48
38. 标识脲甲醛或脲甲醛工艺的复合肥料，含有脲甲醛吗？ 49
39. 美国磷酸二铵确实好吗？…………………………… 50
40. 磷酸三铵是假劣肥料吗？…………………………… 51
41. 市场上的五花八门的“三铵”，该买哪一个？ ……… 51
42. 假尿素养分含量如何进行标识？…………………… 51
43. 硫酸钾或氯化钾可以作为衡量钾肥品位
（即氧化钾含量）的指标吗？ ………………………… 53

44.怎样识别进口钾肥？…………………………………… 54
45.假劣磷酸二氢钾在养分标识上有什么特点？………… 55
46.液体磷酸二氢钾是假的吗？………………………… 55
47.氯化铵养分含量可以标识氮以外其他元素吗？……… 56
48.不标识重金属限量要求的水溶肥料是假劣产品吗？… 56
49.一种肥料包装上标注多个生产企业，是假的吗？…… 57
50.联系电话和网址不存在的肥料，是假的吗？………… 57
51.微量元素水溶肥料可以抗病治病吗？……………… 58
52.包装袋正反两面的肥料名称不一致，可以
认定为假肥料吗？…………………………………… 58
53.包装容器或标签上同时标注肥料和农药名称的
是假肥料吗？………………………………………… 58
54.调节剂色带可以标识在叶面肥料包装上吗？………… 59

第三讲　通过简易试验和感官对肥料识假辨劣 …… 61

55.包装和肥料不符，可以定性为假肥料吗？………… 61
56.购买复混肥料（复合肥料）分为哪六步程序？……… 62
57.如何识别假磷酸二铵？……………………………… 64
58.如何鉴别尿素真假？………………………………… 67
59.识别钾肥的真假有哪几种简单方法？……………… 68
60.如何识别假缓释肥料？……………………………… 73
61.如何简单地判断真正的树脂包衣控释肥？………… 73
62.如何鉴别有机肥的真假？…………………………… 75
63.如何鉴别复合微生物肥料、生物有机肥、
微生物菌剂的真假？………………………………… 76
64.如何鉴别水溶肥料的真假？………………………… 77

第四讲　买到假劣肥料如何维权 ……………………… 79

65.假劣肥料主要通过哪几种途径卖到农民手中？……… 79
66.农民购买肥料应该注意的问题？…………………… 80
67.购买到假劣肥料未造成损失的怎样维权？………… 80
68.购买到假劣肥料造成损失的怎样维权？…………… 80

附录　常见肥料执行标准及技术指标 ………………… 81

第一讲

肥料基础知识

1. 高等植物所必需的营养元素都有哪些？

植物体内一般都含有70多种化学元素，目前国内外公认的高等植物所必需的营养元素有16种（图1）。它们是碳（C）、氢

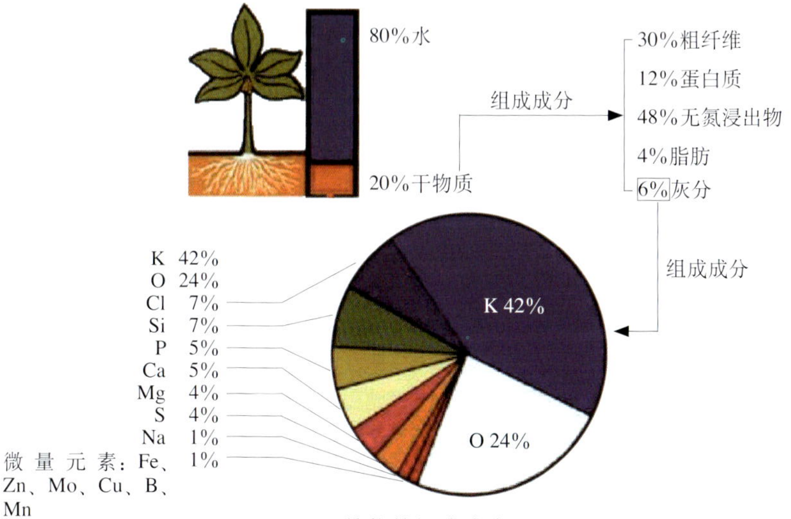

图1　植物的组成成分

(H)、氧（O)、氮（N)、磷（P)、钾（K)、钙（Ca)、镁（Mg)、硫（S)、铁（Fe)、硼（B)、锰（Mn)、铜（Cu)、锌（Zn)、钼（Mo)、氯（Cl)。

作物对这16种必需营养元素的需求量尽管有多有少，但每一种必需元素对作物生长都同等重要，缺一不可。

2. 哪些营养元素叫作大量元素？

植物生长发育必需上述16种元素，但对其需要量有很大差别，习惯上把碳、氢、氧、氮、磷、钾称为大量元素。

3. 哪些营养元素叫作中量元素？

植物生长发育必需上述16种元素中，把需要量中等的钙、镁、硫称为中量元素。

4. 哪些营养元素叫作微量元素？

把需要量少的，含量在0.01％以下的铁、硼、锰、铜、锌、钼、氯7种元素称为微量元素。

5. 哪些营养元素叫作“肥料三要素”？

植物对氮、磷、钾需要较多，而土壤中的含量又往往不能满足其生长的需要，经常要通过施肥来补充供应，故称它们为“肥料三要素”。

6. 什么叫作肥料？

凡是施于土中或喷洒于作物地上部分，能直接或间接供给作物养分，增加作物产量、改善产品品质，或能改良土壤性状、培肥地力的物质，都叫肥料。直接供给作物必需营养的那些肥料称为直接肥料，如氮肥、磷肥、钾肥、微量元素和复合肥料都属于这一类；而另一些主要是为了改善土壤物理性质、化学性质和生物性质，从而改善作物的生长条件的肥料称为间接肥料，如石灰、石膏和有机肥料、生物肥料等就属于这一类。

7. 什么是假肥料？

以非肥料物质冒充肥料或以彼种肥料冒充此种肥料且肥料的有效成分含量严重低于产品质量标准或标注，且无使用价值的物质称为假肥料。如用工业盐假冒氯化铵，颗粒硫酸铵假冒尿素，硫酸镁假冒磷酸二氢钾等，都是假肥料。

8. 什么是劣质肥料？

质量特征严重不符合安全指标或严重不符合相应标准或标识的肥料，称为劣质肥料。如高效三铵、锌三铵、硫磷酸铵等肥料颗粒质量严重与包装标识和相应执行标准不符、偷减含量的肥料、有害物质超标的肥料等都是劣质肥料。

9. 肥料有哪些种类？

按化学成分分为：有机肥料、无机肥料、有机无机肥料。按养分分为：单质肥料、复混（合）肥料（多养分肥料）。按肥效作用方式分为：速效肥料、缓效肥料。按肥料物理状况分为：固体肥料、液体肥料、气体肥料。按肥料的化学性质分为：碱性肥料、酸性肥料、中性肥料。

10. 什么是化学肥料（化肥）？

从狭义来说，化学肥料是指用化学方法生产的肥料；从广义来说，化学肥料是指工业生产的一切无机肥及缓效肥。所以一些人只把氮肥叫作化肥是不全面的，化肥是氮肥、磷肥、钾肥、复合肥料、中微量元素肥料的总称。

11. 化学肥料共分为几类？

化学肥料分为单质肥料、复混肥料（多养分肥料）和中微量元素肥料，具有长效缓控释作用的一次性底施肥料和溶解较快的水溶性肥料也是复混肥料，由于养分释放规律特殊，且有自己的执行标准，一般作为单独的肥料种类进行介绍。

（1）单质肥料。即氮、磷、钾三种养分中，仅具有一种养分标明量的氮肥、磷肥或钾肥的通称。单质氮肥如碳酸氢铵、尿素、氯化铵、硫酸铵等。单质磷肥如普通过磷酸钙。单质钾肥如硫酸钾、氯化钾。

（2）复混肥料。在一种化学肥料中，同时含有氮、磷、钾三种主要营养元素中的两种或两种以上成分的肥料，称为复混肥料。

12. 什么是复混肥料？什么是复合肥料？什么是掺混肥料？什么是有机无机复混肥料？

复混肥料：氮、磷、钾三种养分中，至少有两种养分标明量且由化学方法和（或）掺混方法制成的肥料（图2）。

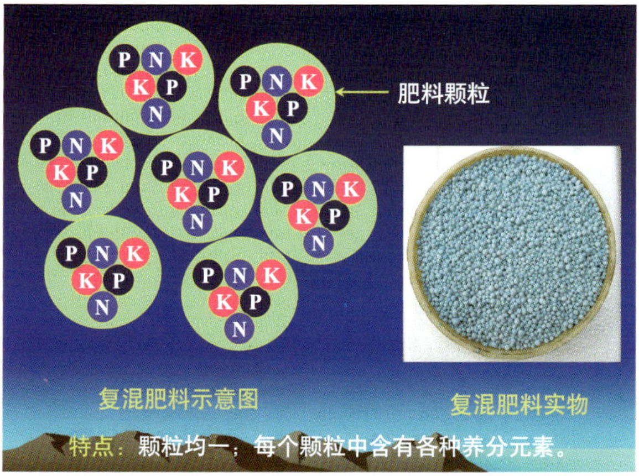

图2 复混肥料示意图

复合肥料：氮、磷、钾三种养分中，至少有两种养分标明量且仅由化学方法制成的肥料，是复混肥料的一种。磷酸二铵、磷酸二氢钾是复合肥料。

掺混肥料：氮、磷、钾三种养分中，至少有两种养分标明量且由干混方法制成的颗粒状肥料，也称BB肥（图3）。

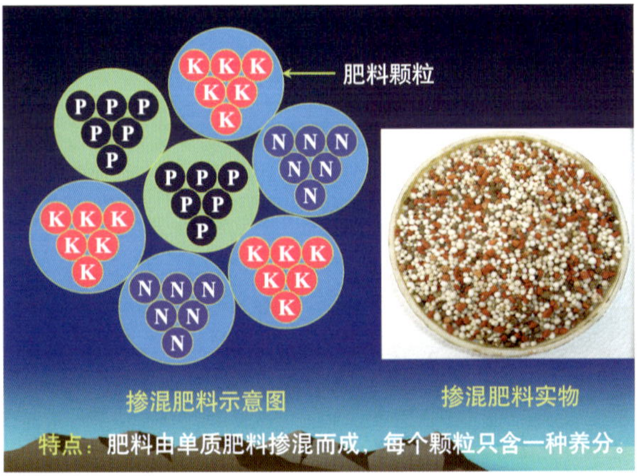

图3　掺混肥料示意图

有机无机复混肥料：以人及禽畜粪便、动植物残体、农产品加工下脚料等有机物料经过发酵，进行无害化处理后，添加复混肥料制成的肥料，也就是含有一定量有机肥料的复混肥料。执行标准为GB/T 18877—2009。

含两种主要营养元素的叫二元复合肥料，含三种主要营养元素的叫三元复合肥料。如磷酸二氢钾、磷酸二铵、磷酸一铵为二元复合肥料，但它们有自己的执行标准，所以不执行复混肥料标准。

省级质量技术监督部门办理生产许可证时，将复混肥料、复合肥料、掺混肥料、有机无机复混肥料、玉米一次性底施肥如稳定性复混（合）肥料、缓释掺混（复混）肥料、控释掺混（复混）肥料、脲醛缓释复混（合）肥料等统称为复混肥料，或复肥。

13. 什么是有效磷？什么是水溶性磷？

有效磷：是指可被植物吸收的磷组分，包括全部水溶性磷、部分吸附态磷及有机态磷，分子式为P_2O_5。

水溶性磷：能够溶于水被植物吸收利用的磷元素，是速效磷的一种。含磷肥料中水溶性磷含量越高，该肥料品位越高。

磷肥、有效磷、水溶性磷示意图见图4～图6。

图4 代表含磷肥料

图5 代表肥料中的P_2O_5

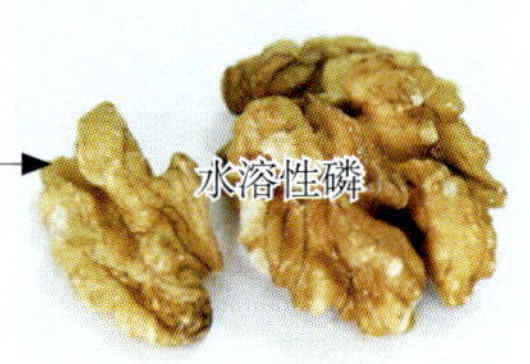

图6 代表水溶性磷

14.什么是氧化钾？

氧化钾是表示钾肥品位的一种物质，钾肥品位越高，它的含量就越高。氧化钾单质是无色立方晶体，易潮解，易溶于水并跟水化合生成氢氧化钾。分子式为K_2O。

15.复混肥料养分含量如何标识？

复混肥料、掺混肥料、大量元素水溶肥料、缓释掺混（复混）肥、控释掺混（复混）肥等肥料养分含量用总养分表示：总氮、五氧化二磷和氧化钾含量之和，以质量分数计。配合式：按$N-P_2O_5-K_2O$（总氮-五氧化二磷-氧化钾）顺序，用阿拉伯数字分别表示其在复混肥料、掺混肥料等肥料中所占百分比含量的一种方式（0表示肥料中不含该元素）。如某种复合肥料中含N 10%，含P_2O_5 20%，含K_2O 10%，则该复合肥料养分含量表示为10-20-10。其他元素或物质不得计入总养分含量之内，如图7。有些假劣肥料为了让农民觉得养分很高，把有机质、中微量元素、氨基酸等物质都叠加在一起，不叫总养分，叫总有效成分或总养分。如图8为有机无机复混肥料，总有效成分58%=N25.9%+P10.1%+K12%+有机质5%+有机碳3.7%+锌硼1.3%，所以这样肥料应谨慎购买。

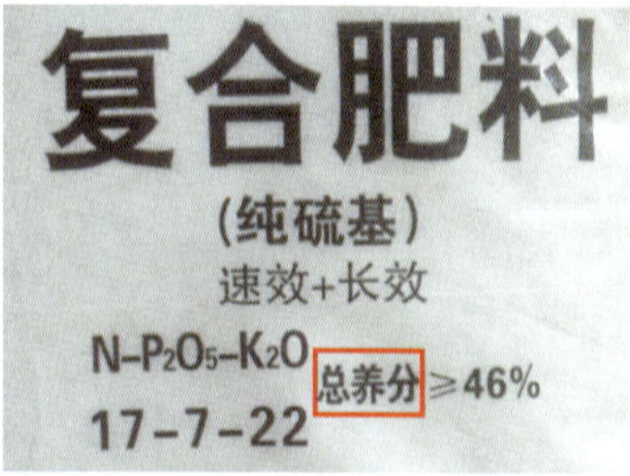

图7　氮、五氧化二磷、氧化钾含量之和用总养分表示

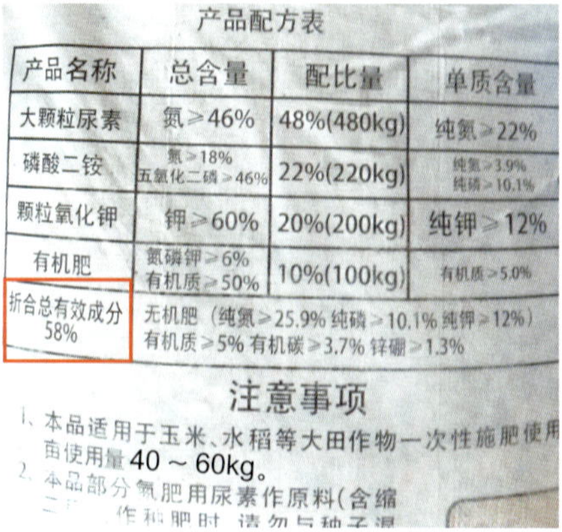

图8　假劣肥料用总有效成分代替总养分

16. 单质化肥养分含量如何标识？

单质氮肥一般标识总氮、总氮（N）、含氮量、氮（N）、总氮含量、氮（N）含量等。单质磷肥一般标识五氧化二磷、P_2O_5、有效五氧化二磷、有效P_2O_5等。单质钾肥一般标识氧化钾、氧化钾（K_2O）、K_2O等。具体可见图9～图11。

图9　尿素含氮≥46.4%

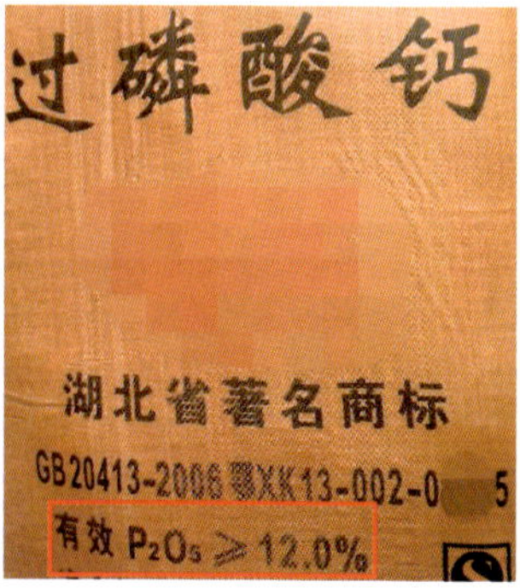

图10　过磷酸钙有效P_2O_5≥12%

图11　硫酸钾含氧化钾（K_2O）≥52%

第二讲

通过肥料包装标识识假辨劣

在化肥行业产能过剩竞争激烈的当下，一些企业为了推销自己的产品使出了浑身解数。肥料企业开始注重产品外包装带来的效益，从黑白到彩色，从简单文字到农产品形象以及明星代言，市场上的化肥包装如今已是百花齐放、色彩斑斓。还有的厂家为了标新立异、谋取暴利，而使包装标识失真而不符合规范。有的企业在产品包装上所打出的产品名称，偏离肥料基本定义的范畴，让人看后感觉莫名其妙，大呼无法搞清肥料具体成分，难以保证肥料的科学使用。那怎样才能看透肥料包装上玄妙呢？我们通过以下问题来解开。

17. 真假肥料外包装的底色与标识有何区别？

正宗肥料标识的所有内容应清楚并持久地印刷在统一的并形成反差的包装袋或标签基底上，无论大小字体都能够清晰地辨识出来。使用的颜色应醒目，突出，易使消费者特别注意并能迅速识别。如图12、图13文字和图示都比较清晰。

直接印在包装上的文字、图示应保证在产品的可预计寿命期内的耐久性，并保持清晰可见。一些假劣肥料为降低成本，使用

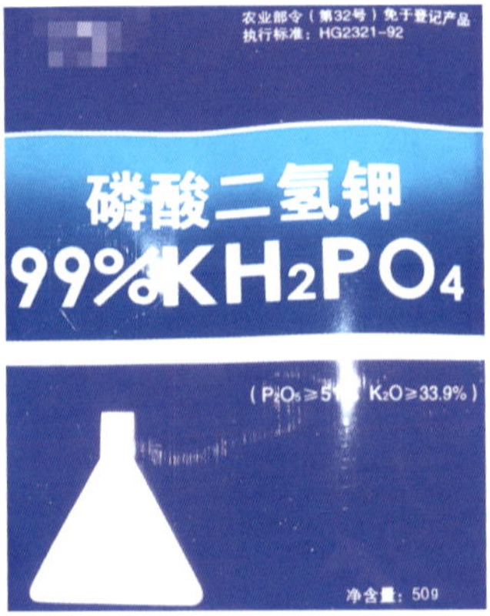

图13　底色与字体反差明显，可轻易识别

图12　字迹清晰，最小字可以识别

粗糙的印刷技术，在产品的使用期内标识就已经不清晰了。如图14所标识的肥料还没有使用，但它的文字已经磨损不清了，图15上的有些文字被水浸泡后变得模糊不清，还怎能明白其文字表达的含义呢。而有些厂家为了欺骗农户，把关键标识的颜色做成和底色相近的颜色，使消费者不容易看到识别，如图16的“精制有机水溶肥料”字体为浅灰色与底色白色非常接近，图17复混肥料为黑色字体，与深褐色的底色也不容易区分。

图14　包装容器上字体已磨损不清

图15　有些文字被水浸泡的模糊不清

图16　肥料名称的字体颜色与包装底色接近，不易识别

图17　复混肥料与底色接近，凸显“高效三铵”

18. 真假肥料包装袋或标签上标识的文字有什么区别？

正规肥料厂家肥料包装袋或标签上标识的文字均使用规范汉字，如图18，为方便少数民族或外籍消费者使用，也可同时使用少数民族文字、汉语拼音及外文。养分名称一般用化学元素符号或分子式表示，也有些厂家用汉字标识。使用汉语拼音和外文的字体都小于相应汉字和少数民族文字。而一些假劣肥料生产厂家，在文字上做起文章，不是使用繁体汉字，就是使用英文，用以突出这些肥料的高大上。如图19使

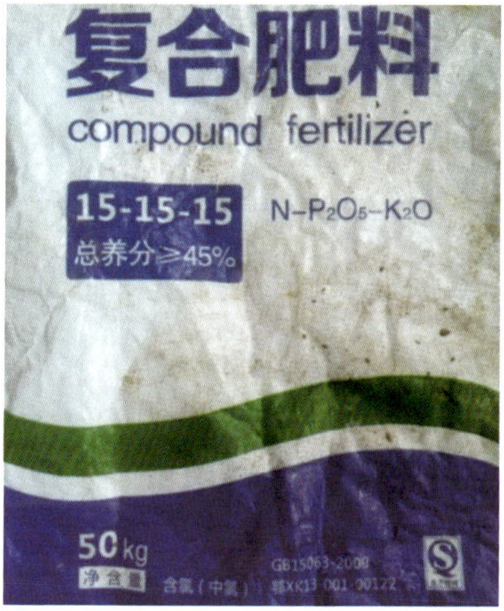

图18　包装文字为规范汉字

用的繁体字，不是规范汉字；图20上只有几个清晰汉字，其他主要标识均为外文，让消费者无所适从。

图19　包装文字为繁体汉字

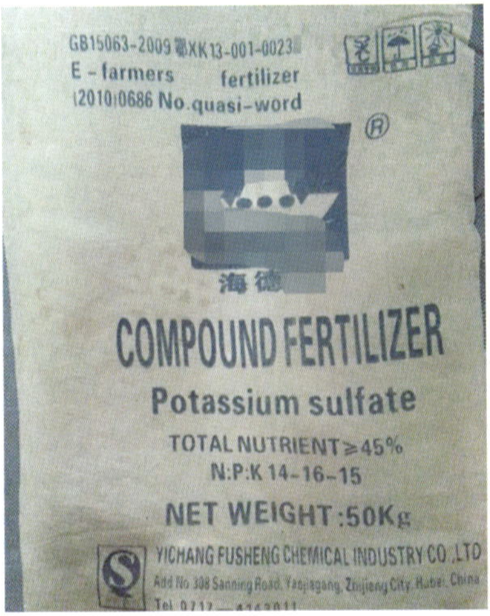

图20　包装文字多为英文

19. 规范的肥料包装袋或标签上的主要标识内容是什么？标识使用文字字号有什么要求？

肥料包装袋或标签上应标明肥料产品的名称、商标、养分含量及配合式、规格或等级、执行的标准编号、肥料登记证号、生产许可证号、净含量、生产厂家名称、地址、联系方式等。

这些文字字体大小一般分为大、中、小三个等级，如图21。

20. 包装袋或标签上使用错别字的肥料是假劣肥料吗？

包装袋或标签上使用错别字的肥料质量是没有把握的，可视为假劣肥料。这些肥料厂家连最基本的包装文字都会出现错误，生产难度更大的肥料其质量也就可想而知了。

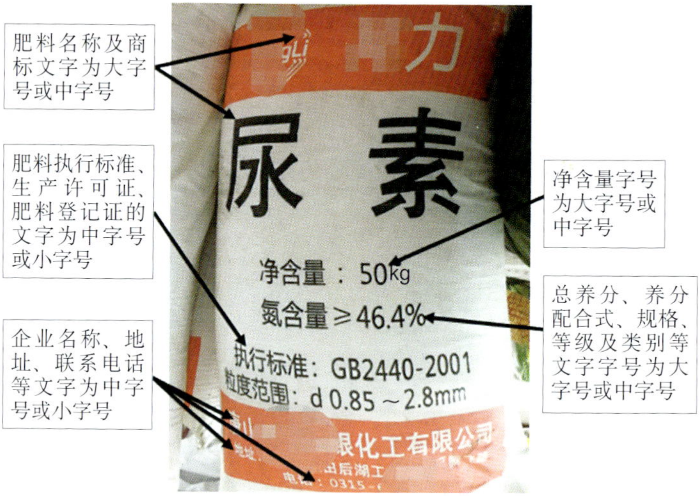

图21　规范包装标识的内容和字体

图22中的“Ca”错印成了“Ga”。有机质是衡量有机肥好坏重要的指标，而图23却印刷成了“有机度”。图24腐殖酸应为“腐植酸”。图25磷酸二铵商标为“中化三环”，但其“中”字拼音是“ZHIONG”，应为“ZHONG”，可认定该肥料为假冒“中化三环”。图26“正综嘉吉”的“综”为错别字，应为“宗”，该肥料也可认定为假冒嘉吉二铵。所以购买肥料产品时，不要购买连文字都不能正确书写的肥料。

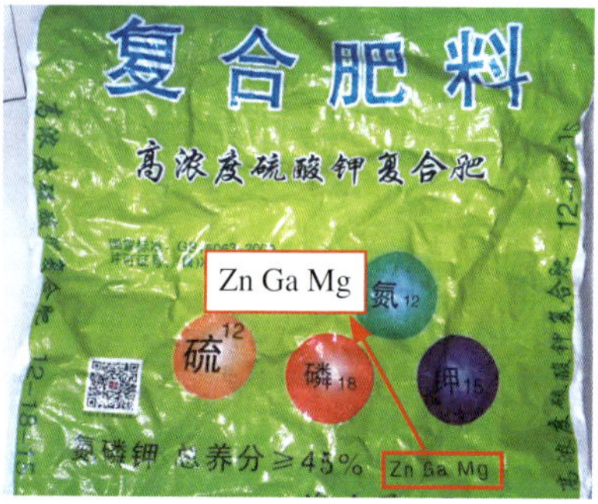

图22　“Ga”应为“Ca”

图23　“有机度”应为“有机质”

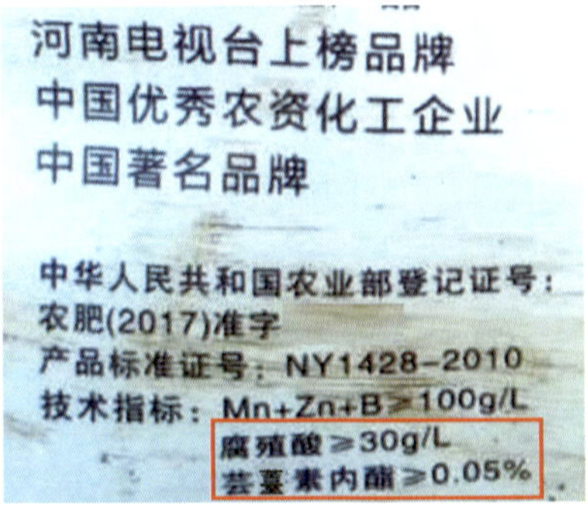

图24 “腐殖酸”应为“腐植酸”

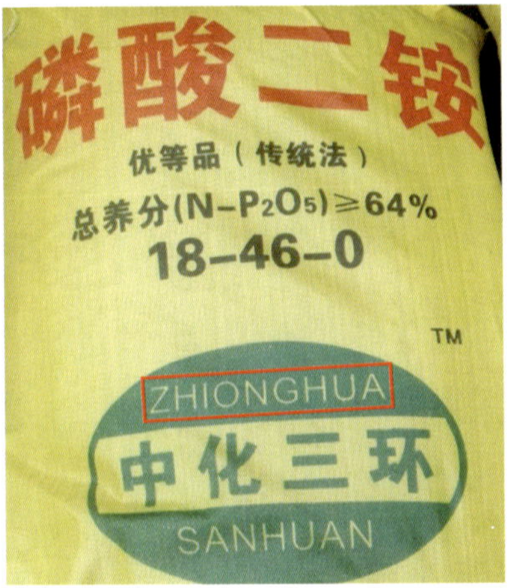

图25“中”字汉语拼音错误

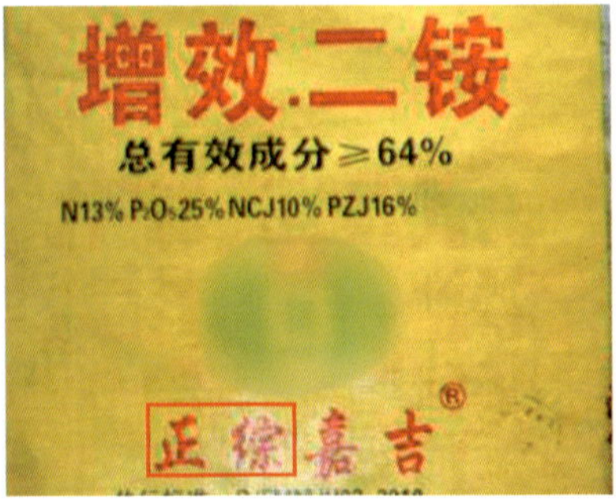

图26“正综”应为“正宗”

21. 如何通过肥料的名称识别真假？

市场上销售的肥料其名称都来自于肥料本身执行的标准，肥料名称能准确反应肥料的性质、用途，名称中不能使用带有修饰性、煽动性的广告用语。

(1) 肥料名称应按国家标准、行业标准已经规定的肥料名称进行标明。对商品名称或者特殊用途的肥料名称，可在产品名称下以小1号字体予以标注。

(2) 国家标准、化工行业标准、农业行业标准规定的肥料名称有：硫酸铵、氯化铵、农业用碳酸氢铵、硝酸铵、尿素、普通过磷酸钙、农用硫酸钾、氯化钾、农业用硝酸钾、硫酸铜（农用）、农业用硫酸锌肥料、硼砂、磷酸二铵、复混肥料（复合肥

图27　复合肥料

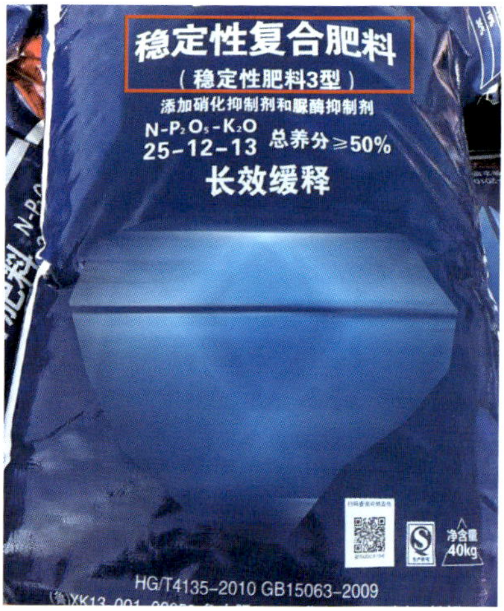

图28　稳定性复合肥料

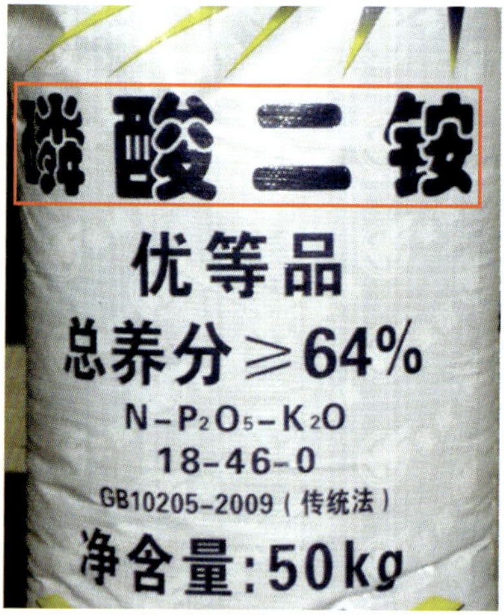

图29　磷酸二铵

图30　微生物菌剂

料）、硝酸磷肥、硝酸磷钾肥、磷酸二氢钾、有机肥料、微生物菌剂、复合微生物肥料、有机-无机复混肥料、生物有机肥、控释肥料、缓释肥料、稳定性肥料、脲铵氮肥、硫包衣尿素、控失性肥料、含腐植酸复合肥料、脲醛缓释肥料、微量元素叶面肥料、含氨基酸叶面肥料、掺混肥料、大量元素水溶肥、微量元素水溶肥、含氨基酸水溶肥、含腐植酸水溶肥、中量元素水溶肥等。图27～图30是按照各类标准要求进行标识的肥料包装袋，消费者对肥料性质能一目了然。

（3）国家标准、行业标准对产品名称没有规定的，应使用不会引起用户或消费者误解和混淆的常用名称。如图31为含有机硅等物质的氮肥，因为有机硅是通过添加硅酸钾才含有的，所以肥料名称为“硅酸钾氮肥”。而图32也是在氮肥中添加了中微量元素，且制定了企业标准，但名称为“多元素金铵”，有一定的煽动性，容易引起消费者的误解。

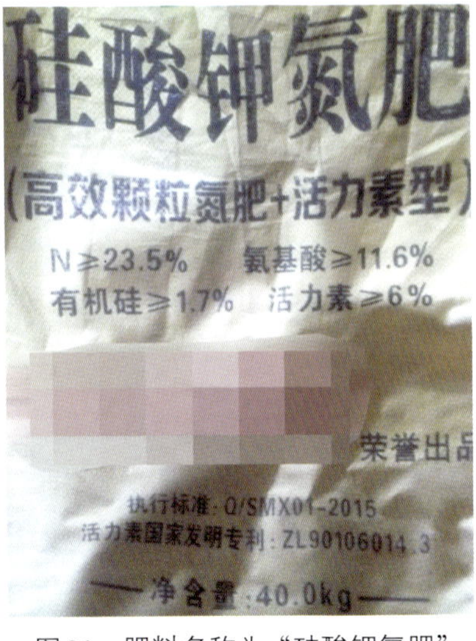

图31　肥料名称为“硅酸钾氮肥”

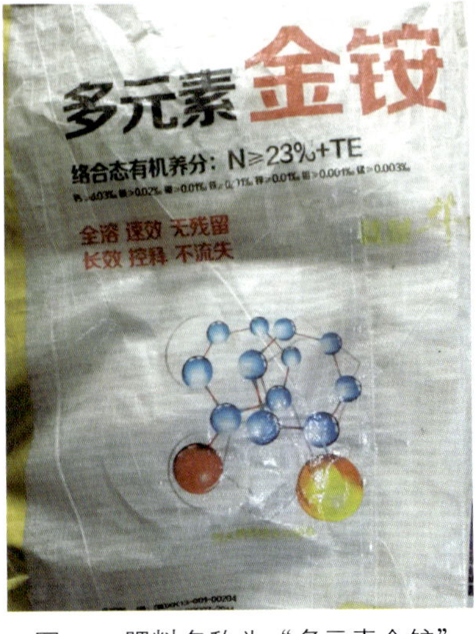

图32　肥料名称为“多元素金铵”

（4）大量的各类专用肥料，实际配方并没有做过多大调整，但因为在包装上打上“土豆（马铃薯）专用肥”“花生丰产专家”等字样，价格就要翻几番。图33执行GB 18877—2009为有机无机复混肥料标准，所以有机无机复混肥料应为肥料名称，字体为中字号或大字号，却被“花生丰产专家”抢了风头；国家标准中没有“有机无机复合肥料”，更没有“抗重茬有机无机复合肥料”。图34“土豆（马铃薯）专用肥”应为小字号或中字号，而括号中的复混肥料应为中字号或大字号。图35与图34同理。图36“桃果满枝”

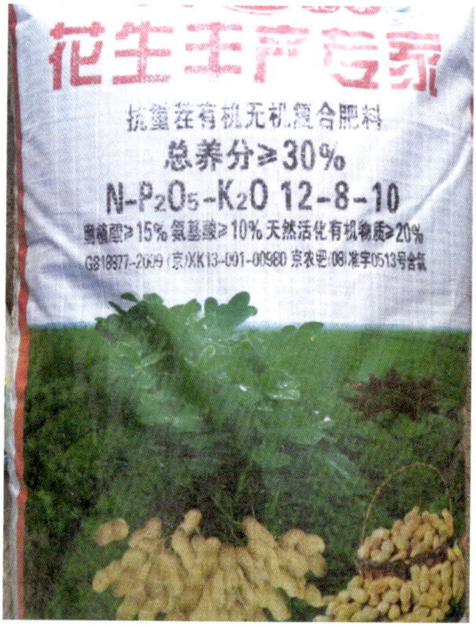

图33 花生丰产专家

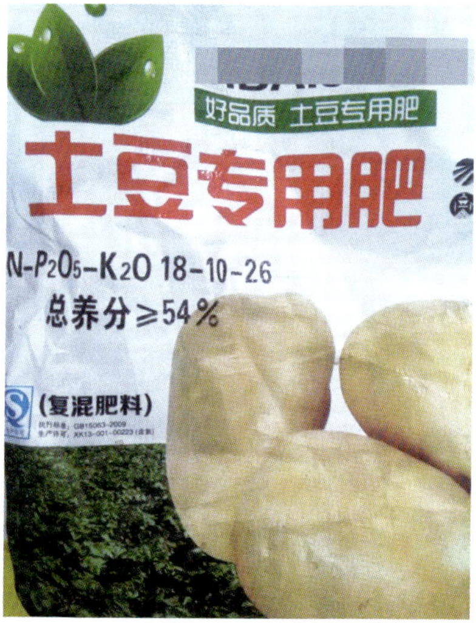

图34 土豆（马铃薯）专用肥

图35 果蔬专用肥

图36 桃果满枝

这种带有修饰性的词组是不允许作为肥料名称的，而且该肥料并没有标明养分含量。

（5）产品名称不允许添加带有不实、夸大性质的词语，如“高效＊＊＊”“＊＊肥王”“全元素＊＊肥料”“＊＊神露”等。如图37～图42。

图37　肥料标称为全元素

图38　肥料标称为超肥王

图39　肥料标称为“追肥专家”

图40　肥料标称为“速效绿叶神露”

图41　肥料标称为“高效追肥”

图42　肥料标称为“全能素”

（6）农民在内心中愿意使用更先进的肥料产品，厂家利用农民的这种心理炒作概念。如在肥料包装袋上标注进口纳米磁性肥、激活素、光能素、离子肥、聚核酸等高大上专业名词，使产品云遮雾绕，令农民消费者眼花缭乱（图43～图46）。

（7）有的企业在肥料名称前面加上肥料的类型、商标，甚至是一些夸大性广告语言，如图47肥料名称应为复合肥料，硫酸钾表示其所含养分类型；图48肥料名称应为硫酸钾，全水溶是修饰夸张用语；图49肥料名称应为有机肥料，高分子表示吸收利用好吗？

图43　磁力锌氮钾追肥

图44　磁化掺混肥料

图45　纳米钾

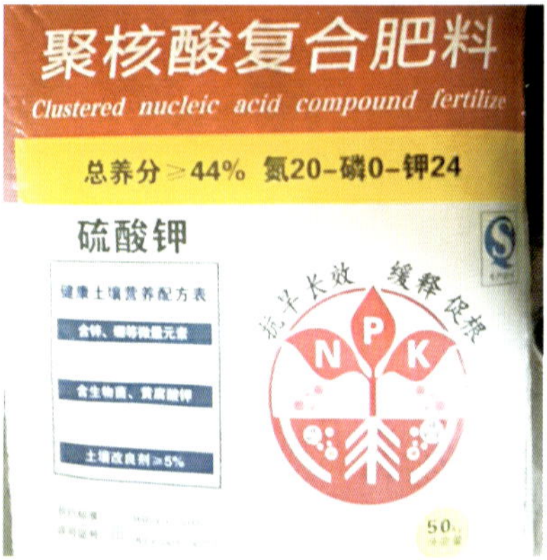

图46　聚核酸复合肥料

图47　名称为“硫酸钾复合肥料”

图48　名称为“全水溶硫酸钾”

图49　名称为“高分子有机肥料”

（8）标识所标注的名称，不得以直接或间接暗示性的语言、图形、符号导致用户将肥料或肥料的某一性质与另一肥料产品混淆。

图50　名称为“尿N素”

图51　名称为“晶体尿素”

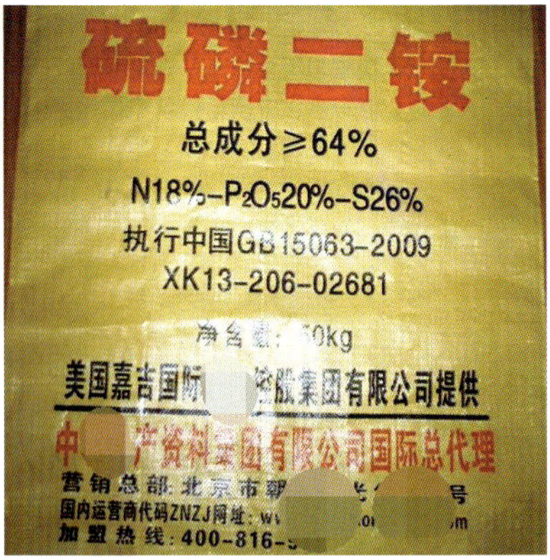

图52　名称为“硫磷二铵”

图50和图51根据名称表面含义应和尿素效果一样或比尿素品质还好，但其氮含量均达不到真正尿素含量，使用混水摸鱼的方法用“提高利用率46.3%”和“总含量≥45%”，来混淆尿素的氮含量。图52“硫磷二铵”不是磷酸二铵，只是造假者随意起的一个肥料名称，但实际为有问题的复混肥料。

22. 肥料执行标准如何标注？

产品“执行标准”是国家规定的工业品必须执行或者推荐执行的标准。有的产品必须执行某种标准，有的产品可选择执行某种标准。无论是强制的还是推荐的，只要一个企业声明其产品所执行的标准，那么产品就必须接受该标准的约束。肥料执行的标准有国家标准、化工行业标准、农业行业标准、地方标准和企业标准，标准代号分别为GB、HG、NY、DB、Q，如图53～图55。

图53　执行GB 20406—2006

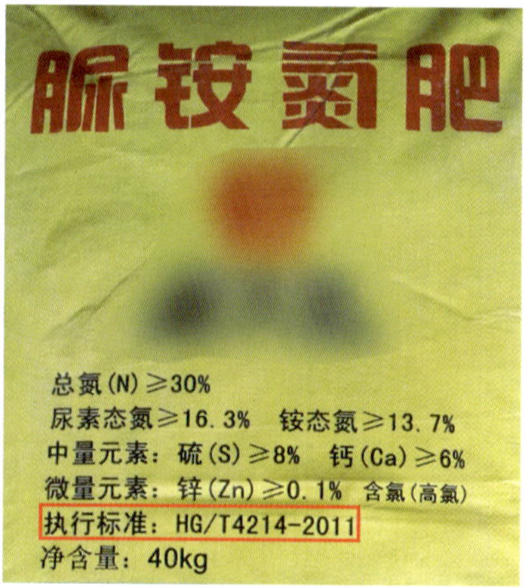

图54　执行HG/T 4214—2011

按执行标准的法律约束性可分为强制性标准和推荐性标准。推荐性标准表示方法就是在强制性标准后面添加斜杠和大写字母T，如GB/T、HG/T、NY/T等。推荐性标准一经接受并采用，就成为各方必须共同遵守的技术依据，具有法律上的约束性。推荐性标准中的强制条款，必须按要求执行。执行标准的编号构成由标准代号、标准发布顺序和标准发布年代号构成。如尿素执行标准编号为GB 2440—2001，GB为标准代号，2440为标准发布顺序号，2001为标准发布年代号。再比如脲铵氮肥执行标准编号为HG/T 4214—2011，HG/T为标准代号，4214为标准发布顺序号，2011为标准发

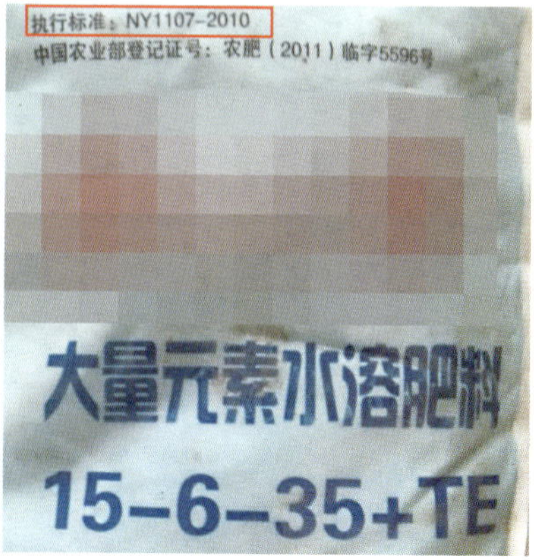

图55　执行NY 1107—2010

布年代号。

根据国家质量监督检验检疫总局、国家标准化管理委员会2017年3月23日发布的“关于《水泥包装袋》等1 077项强制性国家标准转化为推荐性国家标准的公告”的要求，将硫酸铵、液体无水氨、尿素、硝酸铵、农业用碳酸氢铵、氯化钾、磷酸一铵、磷酸二铵、复混肥料(复合肥料)、有机-无机复混肥料、农业用硫酸钾、钙镁磷肥、过磷酸钙、掺混肥料(BB肥)、硫包衣尿素15个肥料品种的14项强制性标准变为推荐性标准，不再强制执行，标准代号由GB改为GB/T，标准顺序号和年代号不变。原有包装标识可以自公告发布之日后使用两年，也就是在2019年3月23日后，上述肥料不允许肥料包装、标签上再出现GB为代号的标准编号。

有国家标准、行业标准的肥料包装上直接标明所执行的标准。如图56，肥料名称为稳定性复合肥料，从名称可知它既是稳定性肥料，又是复合肥料，所以执行标准不仅要标注稳定性肥料标准HG/T 4135—2010，还要标注复合肥料标准GB 15063—2009。有国家标准、行业标准的肥料产品，如标明标准中未有规定的其他元素或添加物，应制定企业标准。该企业标准应包括所添加元素或添加物的分析方法，并应在包装上同时标明国家标准(或行业标准)和企业标准。如图57执行的尿素标准GB 2440—2001，因为添加了聚天冬氨酸，所以又标注了企业标准。

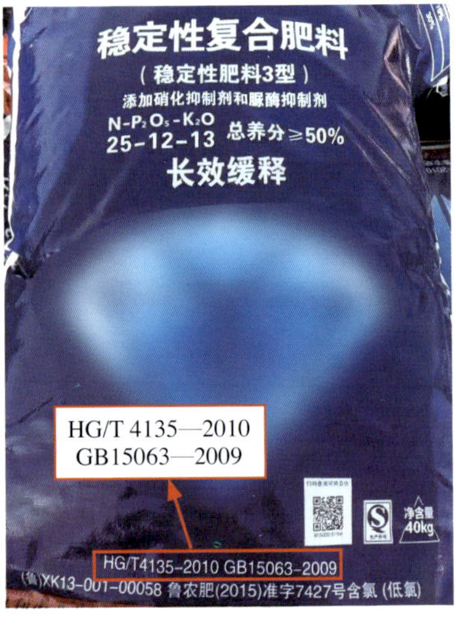

图56　同时标识稳定性肥料标准和复混肥料标准

23. 如何通过肥料执行标准来识别肥料真假？

肥料产品的执行标准对包装标识、技术指标、化验方法等都进行了规定，所以每种肥料都要有相应的执行标准。包装上执行标准标注错误，说明该企业还没有掌握执行标准的内容和要求，其所生产的肥料质量是值得商榷的。执行标准标识错误主要有以下几方面：

图57 同时标识尿素标准和企业标准

（1）引用肥料执行标准漏洞百出。GB 18382—2001是“肥料标识 内容和要求”的执行标准，肥料标准的制定要以该标准为依据，所以GB 18382—2001不是肥料标准，图58使用该标准是错误的。同样图59执行NY 1979—2010标准也是错误的。NY 1979—2010是《肥料登记 标签技术要求》标准代号，是制定微生物肥料、有机肥类产品和水溶肥类产品标准的依据，不是肥料标准。所以图58和图59所标识的肥料可

图58 执行标准标识为GB 18382—2001是错误的

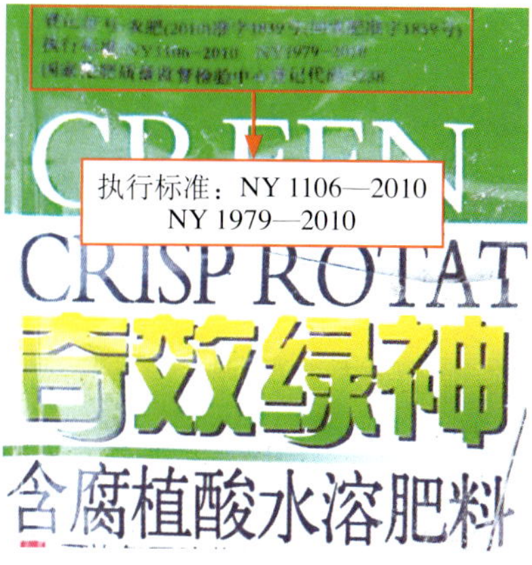

图59 肥料标准执行NY 1979—2010是错误的

以确定为假劣肥料。

控释肥料和缓释肥料是两种肥料，它们的生产技术、释放原理、执行标准都不一样，控释肥料标准为HG/T 4215—2011，缓释肥料标准为GB/T 23348—2009。有些厂家没有搞清两种肥料的概念，将其混为一谈。如图60肥料名称为缓控释肥料，既有缓释又有控释，执行标准却为缓释肥料和掺混肥料标准。图61控释掺混肥料应同时执行控释肥料标准HG/T 4215—2011和掺混肥料标准GB 21633—2008，而该厂家却标注了掺混肥料标准GB 21633—2008和缓释肥料标准GB/T 23348—2009，将控释肥和缓释肥概念混淆了。这两种肥料到底是缓释肥还是控释肥呢？恐怕只有厂家自己清楚。

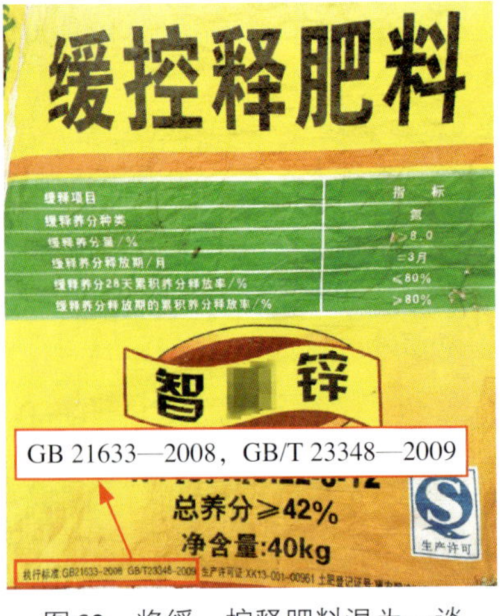

图60　将缓、控释肥料混为一谈

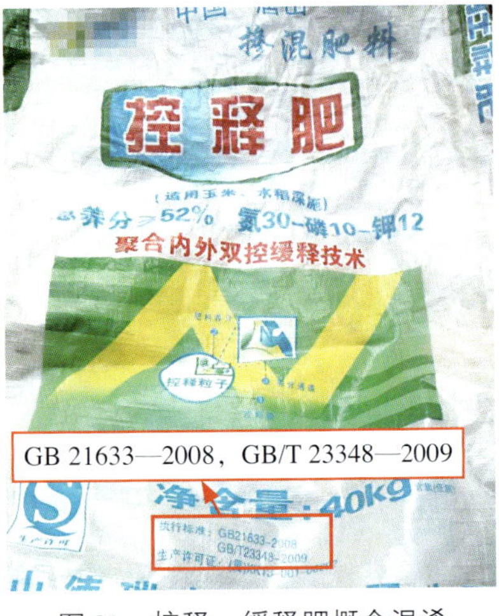

图61　控释、缓释肥概念混淆

（2）肥料名称与肥料执行标准不符。主要有两种形式：即执行标准正确，名称错误；名称正确，执行标准错误。

①执行标准正确，名称错误。我国一些肥料质量监督机构，往往只抽检肥料的养分含量，如果化验结果与包装标识和执行标准质量要求相符，就认定该肥料合格。这样一些肥料生产厂家就

抓住了执法机构的执法心理，生产肥料时灌装合格的肥料并标识其养分含量和标准，但肥料名称却是高大上，价格自然也就不菲。如执行GB 15063—2009标准的肥料，肥料名称只能是“复混肥料”或“复合肥料”，而不是“聚能双氨”“硝酸磷肥”“钾锌硼硝酸钙冲施肥”等名称，如图62；执行GB 18877—2009标准的肥料，名称只能是有机无机复混肥料，而不是“生态肥料”“白加黑”等名称，如图63。这类肥料严格意义来说就是假肥料。

图62　肥料名称标识为“聚能双氨”

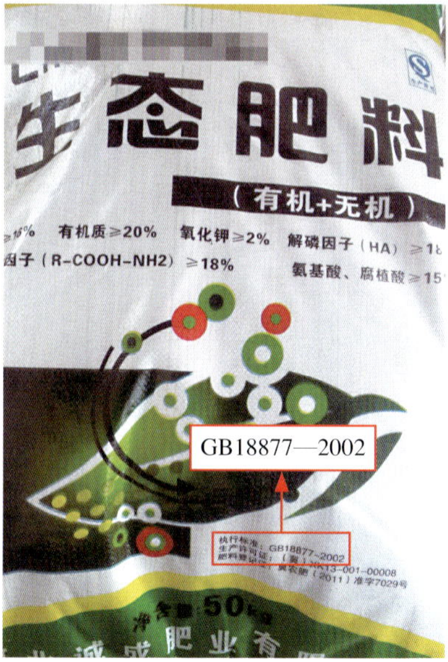

图63　肥料名称标识为“生态肥料”

有些肥料价格低廉，将这种肥料取一个煽动性名字，标识的执行标准、养分含量与肥料一致，执法机构在检查市场时不容易发现。如氯化铵和硫酸铵的价格低廉，利润不高，有些不法厂家以氯化铵或硫酸铵为原料，添加一些其他元素和物质，有的厂家甚至直接灌装颗粒氯化铵或硫酸铵，换个名称，就可以卖高价了。

如图64，执行的是GB 535—1995硫酸铵标准，但名称却是硝基铵钾这个并不存在的肥料名称。图65 ~图67执行标准都是GB/T 2946—2008，是氯化铵的执行标准，但名称却是双酶劲肥、硅酸钾氮肥、强力硝基钾铵等并不存在的肥料名称。农民使用了这些肥料效果也不错，但花了大价钱，买的却是低档肥料。

图64　执行硫酸铵标准，名称却为硝基铵钾

图65　双酶劲肥

图66　硅酸钾氮肥

图67　强力硝基钾铵

②名称正确，执行标准错误。这类肥料的名称多使用市场上常见肥料的名称，但执行标准却与肥料名称相差较远。如图68～图70，这些连执行标准都搞不清的厂家，其肥料质量可想而知。

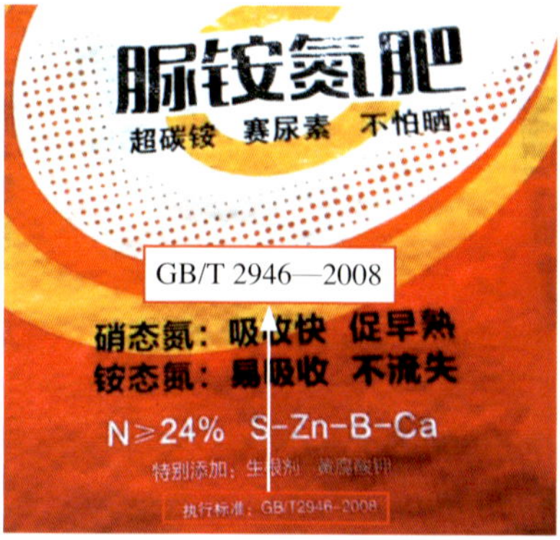

图68 执行标准为氯化铵标准

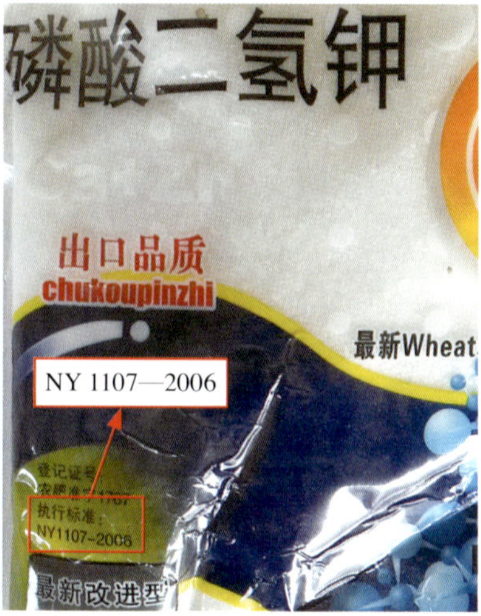

图69 执行标准为大量元素水溶肥料标准

图70 执行标准为有机肥料标准

（3）执行废止的标准。每种肥料标准都有自己的发布年份，且只执行最新发布的标准。如复合微生物肥料执行标准为NY/T 798—2015，而图71 NY/T798—2004标准已经废止，不再执行；图72 HG/T 3931—2007标准已经废止，控释肥料执行新标准HG/T4215—2011。

（4）执行标准书写不全。肥料的执行标准的后缀为发布年份，

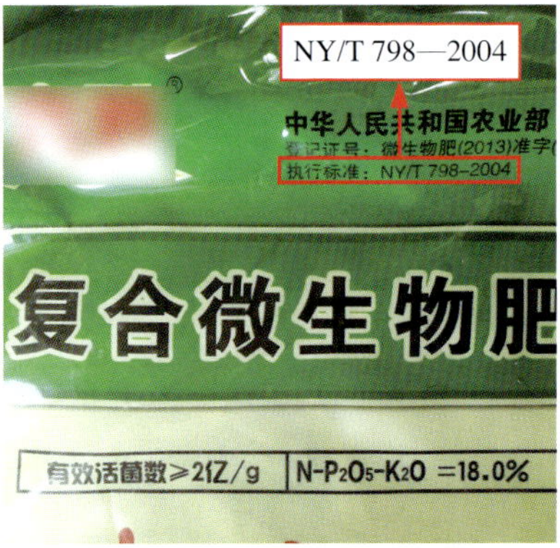

图71 NY/T 798—2004已经废止

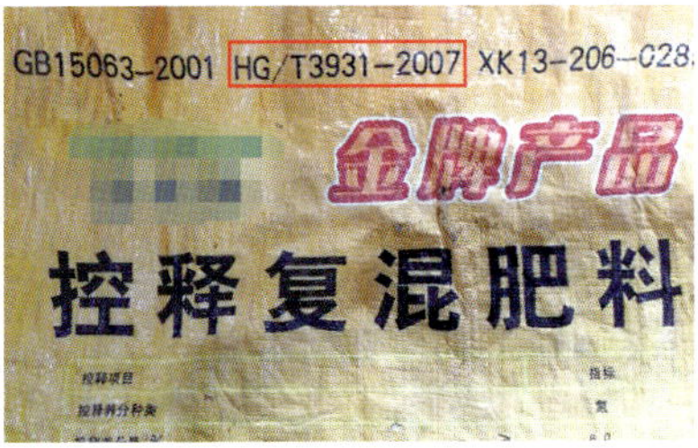

图72 HG/T 3931—2007已经废止

如图73仅标识NY 1429，请问您执行的是NY 1429—2010，还是NY 1429—2007；图74标识NY 1107，请问您执行的是NY 1107—2010，还是NY 1107—2006；所以肥料执行标准要标识全面。

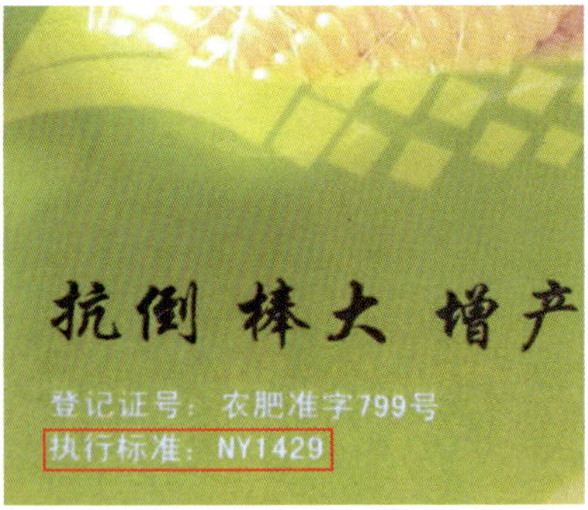

图73 NY 1429无制定或修订年代

图74 NY 1107无制定或修订年代

（5）执行标准书写错误。有些肥料生产企业或造假工厂国家标准和农业标准分不清，如图75执行标准张冠李戴，微量元素水溶肥料执行标准NY 1428—2010为农业行业执行标准，不是国家推荐标准，标准制定年代书写也错误。图76将GB/T 17420—1998，写成QB/T 17420—1998这个不存在的标准。更有甚者将肥料标准序号写错，中量元素水溶肥料执行标准为NY 2266—2012，而有些

图75　将农业标准变成了国家推荐标准

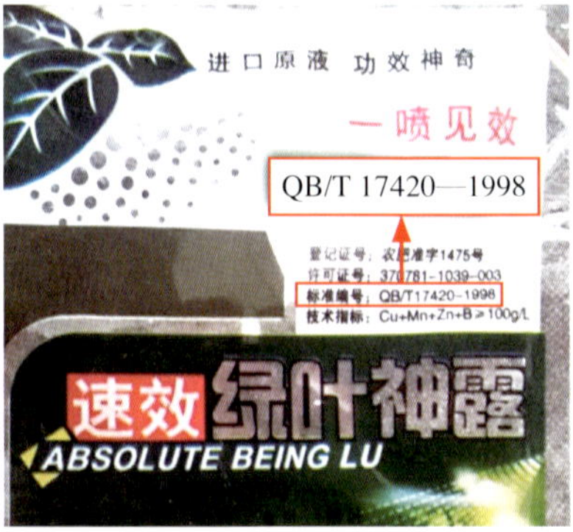

图76　国标变成了企标

企业标注为NY 2269—2012。

（6）执行标准后缀年份错误。我国微量元素叶面肥料行业一直在执行GB/T 17420—1998标准。目前市场上出现了GB/T 17420—2006、GB/T 17420—2010、GB/T 17420—2011、GB/T 17420—1997（图77）等年份标识的标准证号，都是错误的。磷酸二铵的执行标准为GB 10205—2009，不是GB 10205—2008（图78）。上述这样的肥料应谨慎购买。

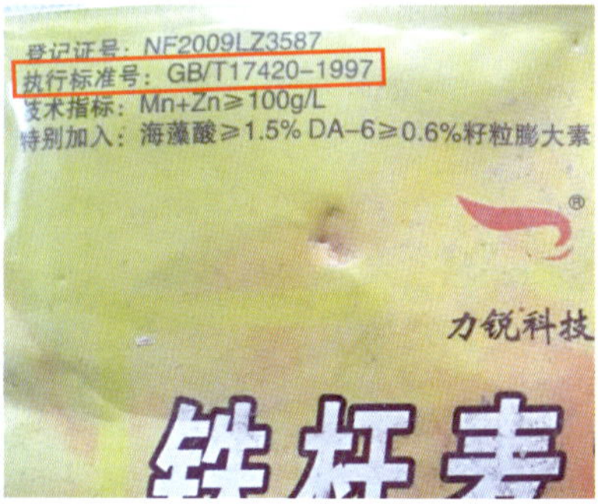

图77　执行标准“GB/T 17420—1997”错误

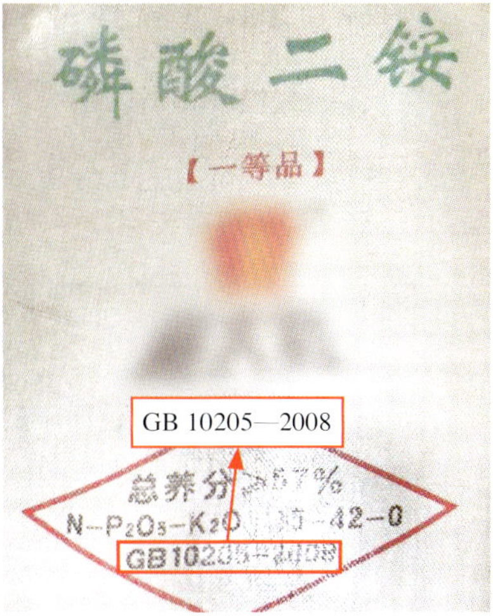

图78　执行标准GB 10205—2008错误

（7）漏标执行标准。有些肥料由于采用了两种或两种以上执行标准进行生产，所以应同时标注所采用的执行标准，如图79。有些厂家不了解这些规范，漏标了一些标准。如脲醛缓释复合肥料执行的是HG/T 4137—2010，同时执行GB 15063—2009，在包装袋上应同时标注，不能只标其中一个。如图80就漏标了脲醛缓释肥料标准。

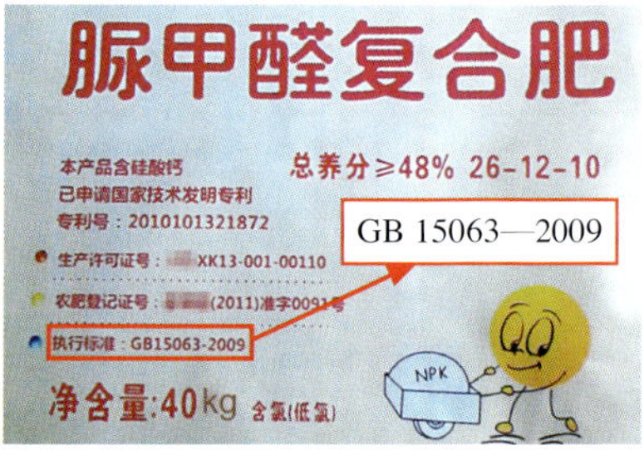

图80　只标有复混肥料标准，漏标脲醛缓释肥料标准

图79　同时标注控释肥料和掺混肥料标准

（8）执行标准与养分标识不符。图81执行的是GB/T 2946—2008，肥料名称为壮根抗倒功能肥这个不存在的肥料名称，而且还标识$NH_4Cl \geqslant 21\%$，试问你执行的是氯化铵标准，肥料应100%是氯化铵，怎能只有21%的氯化铵呢？

含腐植酸水溶肥料养分含量要标明大量元素或微量元素养分含量，同时应标明腐植酸含量。图82的肥料执行含腐植酸水溶肥料标准，但只标明了氮磷钾大量元素含量，并没有标明腐植酸含量。

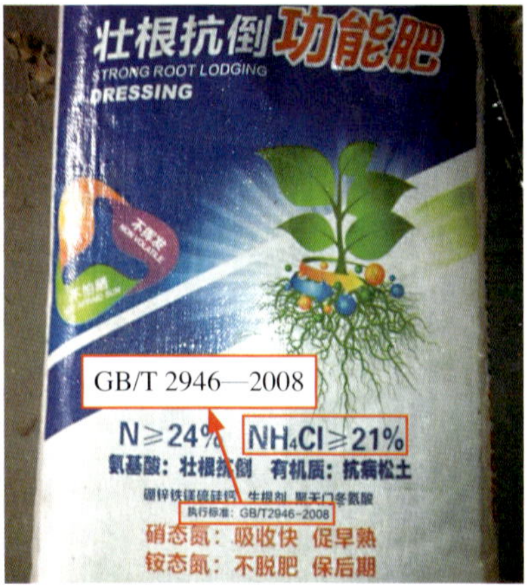

图81　执行氯化铵标准，氯化铵含量却只有21%

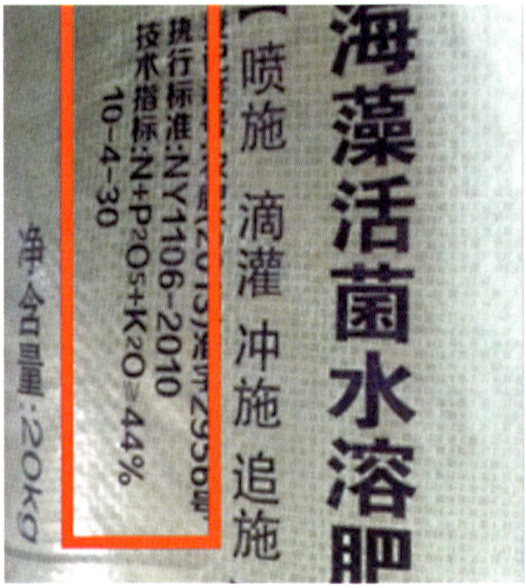

图82　未标腐植酸含量

24. 如何通过肥料生产许可证号来识别肥料真假？

肥料生产许可证是由省级质量技术监督部门发放，所以生产许可证编号第一个字母为各省（自治区、直辖市）的简称。生产许可证编号具体方式为：(X) XK13-001-×××××。其中，括号内的 (X) 代表本省简称，XK代表许可，前两位13代表行业编号，中间三位 (001) 代表产品编号（复混肥类用001表示，磷肥类用002表示），后五位（×××××）代表企业生产许可证编号。如图83（辽）XK-13-001-02220，即为营口嘉吉肥业有限公司50%掺混肥料生产许可证号。

图83　掺混肥料生产许可证号

目前国家需要许可生产的肥料产品主要有两大类，即复肥和磷肥。复肥品种包括复混（合）肥料、硝基复合肥料、控释复混（合）肥料、缓释复混（合）肥料、硫包衣缓释复合肥料、脲醛缓释复合肥料、稳定性复合肥料、无机包裹型复合肥料、掺混肥料、缓释掺混肥料、控释掺混肥料、硫包衣缓释掺混肥料、脲醛缓释掺混肥料、稳定性掺混肥料、无机包裹型掺混肥料、有机无机复混肥料等。磷肥品种包括过磷酸钙、钙镁磷肥、钙镁磷钾肥和肥料级磷酸氢钙。图84为叶面肥料，不需要许可生产。根据生产许可证号编写规则，许可证号的书写格式也是错误的。图85许可证号前面没有厂家所在省份简称，产品编号也已废止。图86为氮肥产品，是不需要生产许可的，所以何来许可证号。

图84　生产许可证号书写格式错误

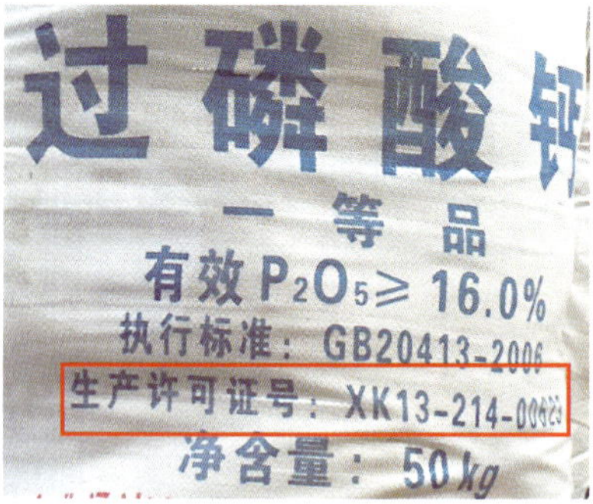

图85　生产许可证号不全，编号错误

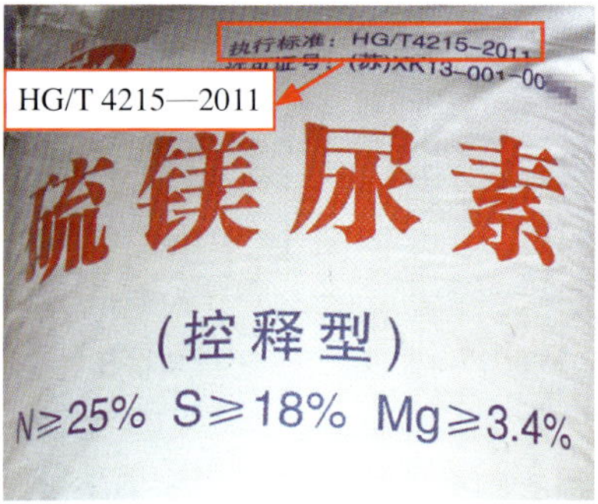

图86　氮肥产品没有许可证号

25. 肥料登记证号应该如何标注？

我国实行肥料产品登记管理制度，未经登记的肥料产品不得进口、生产、销售和使用，不得进行广告宣传。省（自治区、直辖市）人民政府农业行政主管部门负责本行政区域内的复混肥、配方肥（不含叶面肥）、精制有机肥、床土调酸剂的登记审批、登记证发放和公告工作，农业农村部负责微生物肥料、进口肥料的登记审批、登记证发放和公告工作。2017年12月1日《肥料登记管理办法》进行了修订，这次修订取消了肥料临时登记，所以肥料不再有临时登记证号。但2016年和2017年生产的肥料，保质期一般在2～3年，肥料外包装上的临时登记证号是无法撤销的，所以肥料临时登记证号在近2～3年内还会出现。因此本书仍将肥料登记分为临时登记和正式登记两种：

（1）肥料临时登记证有效期为1年。肥料临时登记证有效期满，需要继续生产、销售该产品的，应当在有效期满2个月前提出续展登记申请，符合条件的经农业农村部或省（自治区、直辖市）人民政府农业行政主管部门批准续展登记。续展有效期为1年。续展临时登记最多不能超过2次。

取得临时登记肥料产品包装上标注一般为：农肥（年份）临字XXXX号（农业农村部发证序号，X代表阿拉伯数字），或（各省简称）农肥（年份）临字XXXX号（各省农业厅发证序号，X代表阿拉伯数字）。微生物肥临时登记证为：微生物肥（年份）临字XXXX号。如图87中量元素水溶肥料登记证号为农肥（2013）临字（6844）号。发证序号为4位数，少数是5位数。

（2）肥料正式登记证有效期为5年。肥料正式登记证有效期满，需要继续生产、销售该产品的，应当在有效期满6个月前提出续展登记申请，符合条件的经农业农村部或省（自治区、直辖市）人民政府农

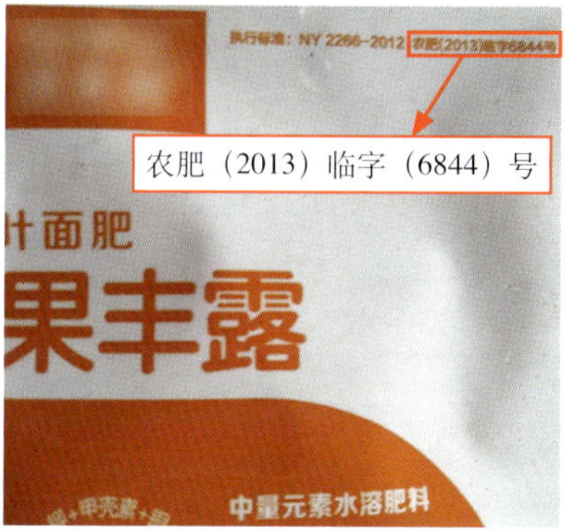

图87　登记证号为“农肥（2013）临字（6844）号”

业行政主管部门批准续展登记。续展有效期为5年。

取得正式登记的肥料产品包装上标注一般为：农肥（年份）准字XXXX号（国家农业农村部发证序号，X代表阿拉伯数字）或（各省简称）农肥（年份）准字XXXX号（各省农业厅发证序号，X代表阿拉伯数字）。取得微生物肥料登记的肥料产品包装袋标注一般为：微生物肥（年份）准字XXXX号，发证序号为4位数，如图88微生物肥料登记证号为微生物肥（2015）准字（1569）号。

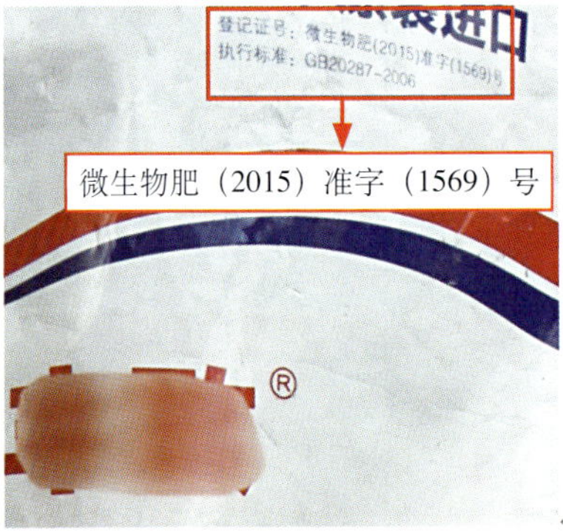

图88　登记证号为“微生物肥（2015）准字（1569）号”

（3）免于肥料登记的肥料产品有：硫酸铵，尿素，硝酸铵，氰氨化钙，磷酸铵（磷酸一铵、磷酸二铵），硝酸磷肥，过磷酸钙，氯化钾，硫酸钾，硝酸钾，氯化铵，碳酸氢铵，钙镁磷肥，磷酸二氢钾，单一微量元素肥，高浓度复合肥。

26. 如何通过肥料登记证号来识别肥料真假?

（1）看肥料登记证号书写是否完整。肥料登记证号由农肥（年号）准字或临字+顺序号组成，如农肥（2011）准字2153号。但有些肥料生产厂家不明白肥料登记证号怎样标识，也许是为了逃避检查，故意不标识肥料登记年份。如图89、图90肥料登记证号分别为农肥临字8371号和农肥准字1309号，请问这是哪年登记的？这两个证号缺少登记年份，为证号不全的水溶肥料，应谨慎购买。

（2）看肥料登记证号使用是否正确。生物有机肥、复合微生物肥料、微生物菌剂登记办证是在农业农村部微生物肥料登记中心进行，并由农业农村部颁发肥料登记证。证号编写方式为“微生物肥（登记年份）临字（编号）号”或者“微生物肥（登记年份）准字（编号）号”，如微生物肥（2011）准字（0719）号。复

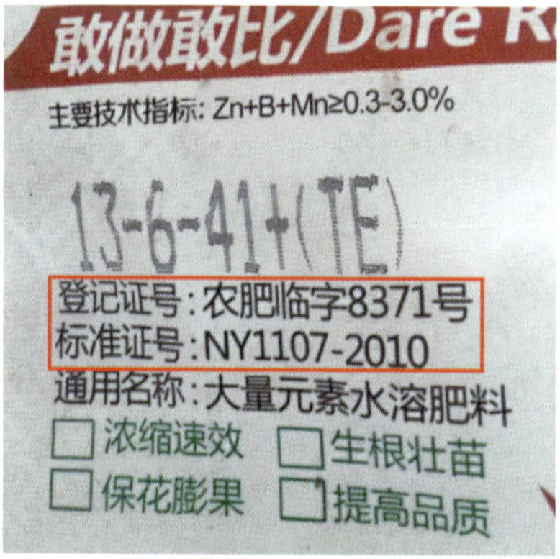

图89　肥料临时登记证号不全

图90　肥料正式登记证号不全

混肥料、普通有机肥是在各省农业厅土肥站进行肥料登记，颁发的是省级肥料登记证。如图91生物有机肥使用省级肥料登记证号是错误的，不应有陕西省简称，不是“农肥”应是“微生物肥”。

图91　肥料登记证号是错误的

（3）看肥料登记证号格式是否书写错误。肥料登记证号不允许使用拼音第一个字母缩写进行标识，消费者很难理解其中含义，所以图92这种肥料的登记证号是不存在的。图93标注的肥料登记

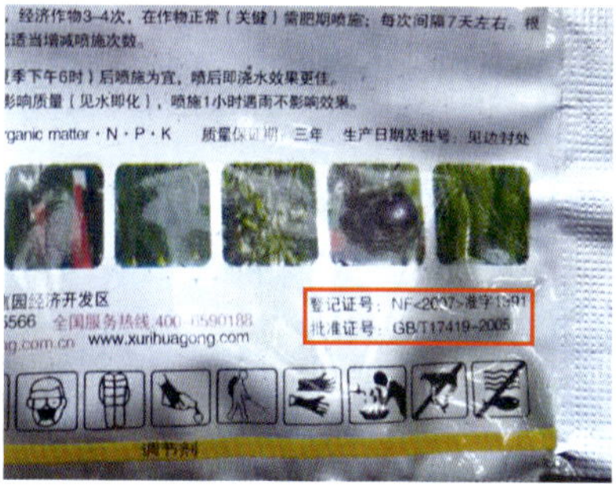

图92　肥料登记证号书写格式错误

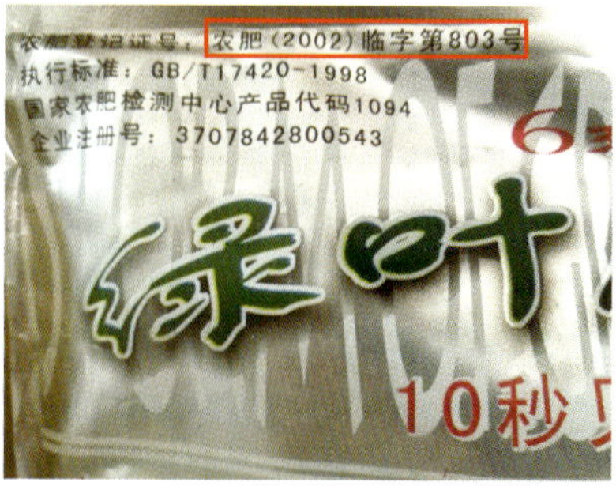

图93　肥料登记证序号错误

证号为“农肥（2002）临字803号”，该证号的顺序号803为3位数，正确的应为4位数，所以该证号也是不存在的。

（4）看肥料临时登记证是否超期。肥料临时登记证续展有效期为1年。续展临时登记最多不能超过2次。因此肥料临时登记证号从使用年份算起，最多可使用3年。如农肥（2015）临字8790号，如进行2次续展登记的只能使用到2018年，2019年再使用该登记证号就违法违规了。图94的登记证号如进行了2次续展登记，那么到2017年也不可以使用了，图95的登记证号早在2006就不可以使用了，所以这两种肥料疑为假劣。

图94　该肥料登记证号使用截止日期为2016年

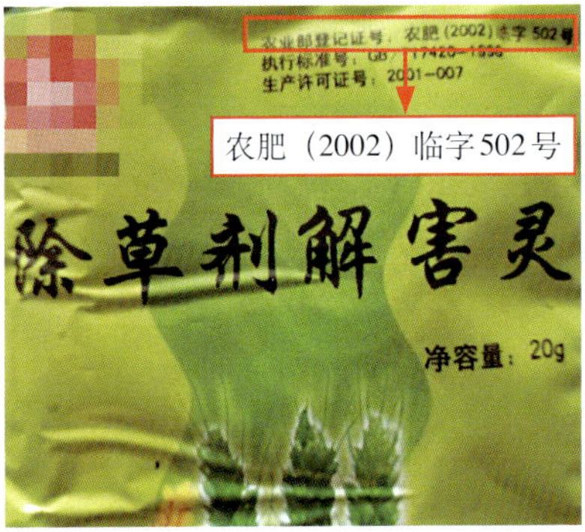

图95　该肥料登记证号使用截止日期为2006年

（5）看是否为免登记产品。免于登记的肥料产品是没有肥料登记证号的，如该产品包装上添加了肥料登记证号，就是画蛇添足，就是假劣肥料。磷酸二氢钾由于执行化工行业标准，且经农田长期使用，是农业农村部肥料免予登记产品，因此磷酸二氢钾包装上标识的肥料登记证号是不存在的，所以这种肥料就是假劣肥料，如图96。

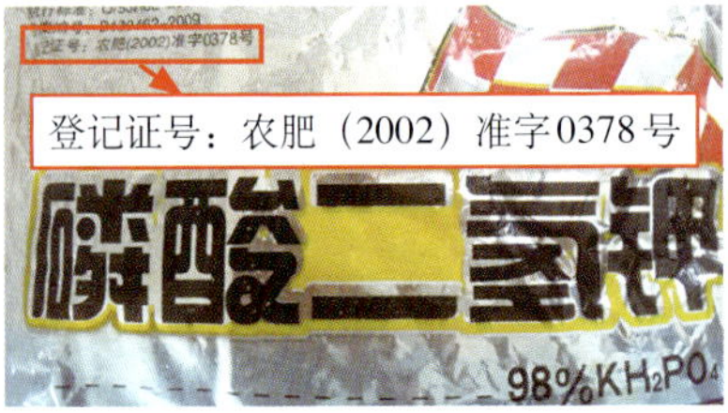

图96　磷酸二氢钾是农业农村部免予登记产品，不存在肥料登记证号

（6）使用“农查查”网站进行查询求证。“农查查”是191农资人旗下的一款农资产品信息（登记证）查询工具，数据同步来源于农业农村部官方数据库，为用户提供全面、可靠、透明的数据信息。用户可通过登记证号、有效成分、公司名称等查询产品信息，“农查查”平台功能包含产品查询、效果查看、申请样品、发布供求等功能。“农查查”将农业农村部登记的所有数据整合在一起，在消费者买卖农资产品时，随时提供真实可靠的数据，在很短时间内辨别农资的真假信息。

电脑和手机用户可通过百度搜索查找“农查查”，点击“农查查”官网（图97）；网页上出现“农查查”词条（图98）；点击“农查查”词条，进入“农查查”搜索页面（图99）；在搜索引擎上输入需要搜索的肥料登记证号，或肥料厂家名称，或有效成分，即出现如图100的下拉词条，在这些词条中寻找需要的信息。

图97　百度搜索“农查查”

图98　点击红色的“农查查”

图99　进入“农查查”搜索页面

图100　在搜索引擎上输入搜索内容

27. 肥料包装上警示标识如何标注？

警示说明：运输、贮存、使用过程中易造成财产损坏或危害人体健康和安全的，应有警示说明。使用尿素、氯化钾作为原料的复肥产品都含有一定量氯离子、缩二脲，含缩二脲和高氯的肥

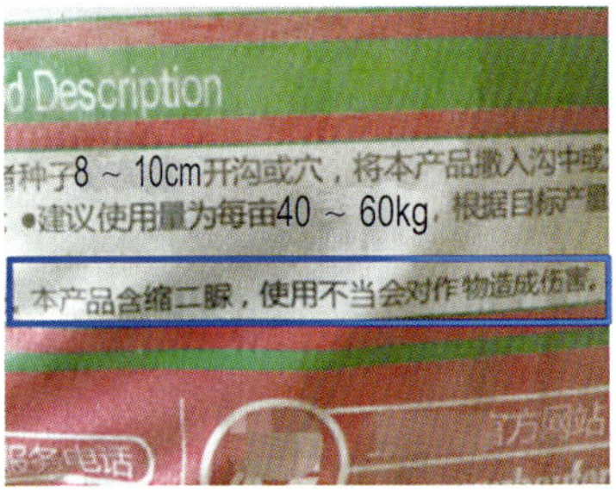

图101　警示说明必须标识

料都要标警示语。如图101中“本品含缩二脲，使用不当会对作物造成伤害”。如不按要求标识警示语，管理部门可按不合格肥料进行处罚。

28. 肥料包装袋或标签上标识驰名商标的是假劣肥料吗？

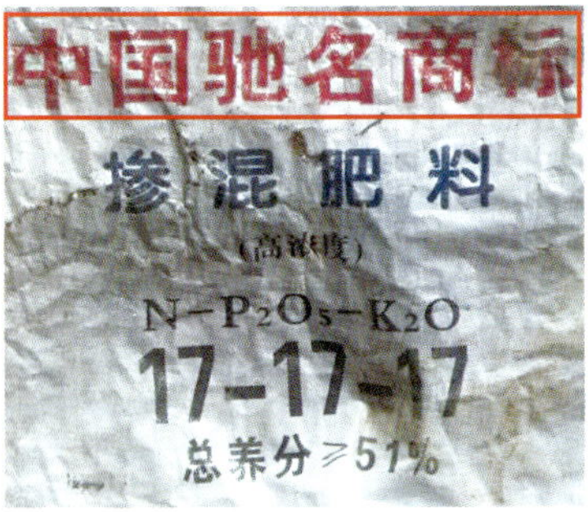

图102　标识中国驰名商标

《中华人民共和国商标法》第十四条规定“生产、经营者不得将“驰名商标”字样用于商品、商品包装或者容器上，或者用于广告宣传、展览以及其他商业活动中。”图102肥料驰名商标标识是不符合法律规定的，购买标注驰名商标的肥料应该谨慎一些。

29. 肥料包装袋或标签上标识免检产品的是假劣肥料吗？

图103　标识中国免检产品

国家质量监督检验检疫总局在2008年9月18日就通过了《关于废止<产品免于质量监督检查管理办法>的决定》，根据该规定产品包装上不允许再标注“免检产品”标识，所以标有该标识的肥料产品是在忽悠消费者，应谨慎购买。

30. 肥料包装袋使用名人或明星形象做代言的肥料是假的吗？

《广告法》第三十八条第一款规定，广告代言人在广告中对商品、服务作推荐、证明，应当依据事实，符合本法和有关法律、行政法规规定，并不得为其未使用过的商品或者未接受过的服务作推荐、证明。也就是说明星或名人代言产品广告时，要使用过该产品，或接受过该项服务。肥料是农业生产使用的商品，明星和名人进行农业生产活动的极少，所以也极少有机会使用到肥料产品。因此近年来明星或名人代言肥料产品广告的已经很少了，肥料包装袋上的明星和名人形象也几乎没有了。如果肥料包装袋上再次出现明星或名人形象的肥料，假冒伪劣的可能性较大，应谨慎购买。

31. 如何通过养分含量识别肥料的真假？

每种肥料都有自己的养分含量和含量构成，造假者由于不清楚各种肥料的养分特点，而在包装袋或标签上胡乱标注肥料的养分含量和含量构成。如果消费者清楚地掌握各种肥料的养分含量特点，就能够轻而易举地识别在含量上做文章的假肥料。假劣肥料在养分含量上做手脚主要表现在以下几方面：

(1) 复肥中单一养分含量明显高于或低于主要技术指标要求。复混（合）肥料中每种养分含量最低不少于4%，低于4%直接用0标识，如图104。有些厂家为了增加总养分含量或表明养分全面，将单一养分不足4%也直接标注，属于包装不规范行为。如图105磷元素含量3%也进行了标注，这样的肥料属于假劣产品。

有机无机复混肥料养分配合式中标明的单一养分含量不得低于3%，低于3%直接用0标识，且单一养分测定值与标明值负偏差的绝对值不得大于1.5%。图106磷含量为2%，应直接标识为0。

图104　五氧化二磷养分低于4%，应直接标识为0

图105　复合肥料磷含量不足4%，应标识为0

总养分为64%磷酸二铵，一般氮含量不低于18%，五氧化二磷含量不低于46%，但根据其合成工艺，养分含量高于技术指标要求的数值极小，一般可以忽略不计。所以图107中磷酸二铵氮含量15%明显低于18%，五氧化二磷含量49%明显高于46%，不符合磷酸二铵的养分要求，应为假劣产品。

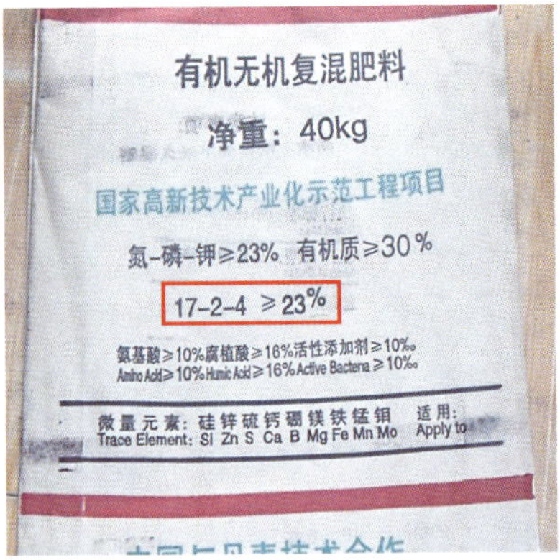

图106　磷含量低于3%，应直接标识为0

图107　氮含量低于18%，磷含量高于46%，为假劣产品

（2）复肥总养分含量或单质肥料养分含量明显高于或低于技术指标要求。掺混肥料的总养分含量即氮磷钾含量之和不能低于35%，也就是说总养分含量低于35%的就不是掺混肥料，而是假劣肥料。如图108总养分只有30%达不到掺混肥料的要求，所以不

应标识为掺混肥料。掺混肥料总养分不低于35.0%，水溶性磷占有效磷的百分率不低于60%，体现出掺混肥料是一种高浓度复混肥料的品质。

有机无机复混肥料Ⅰ型总养分含量不低于15%、有机质含量不低于20%；Ⅱ型总养分含量不低于25%、有机质含量不低于15%。图109氮磷钾总养分含量为16%，低于有机无机复混肥料Ⅱ型总养分的技术指标要求，不能标识为有机无机复混肥料Ⅱ型。

图108　掺混肥料氮磷钾含量之和低于35%

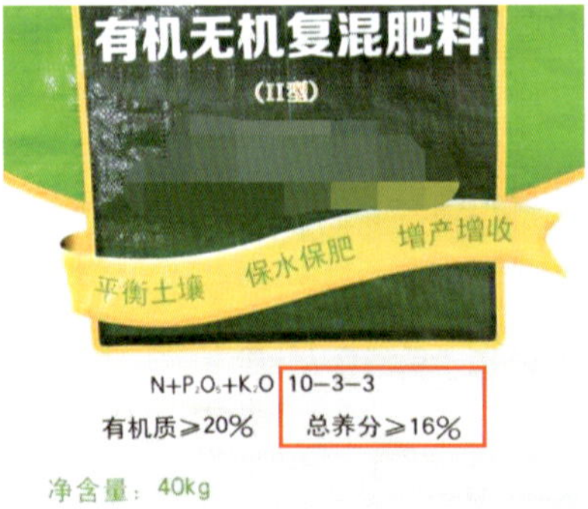

图109　有机无机复混肥料Ⅱ型总养分含量不能低于25%

根据磷酸二铵的生产工艺和执行标准，合格品养分含量最低为53%，也就是说被称为磷酸二铵其总养分含量不能低于53%。图110总养分含量低于53%，不能称为磷酸二铵。

农用硫酸钾中氧化钾含量粉状不能低于45%，颗粒状不低于40%。硫酸钾中的氧化钾含量理论上可以达到54.06%，但实践生产中只能达到52%。市场上销售的硫酸钾其氧化钾含量有标识60%的红色颗粒，也有标识40%以下的，如图111，这些包装标识和肥料都是有问题的。

按NY 525—2012的规定，有机肥的有机质含量不低于45%，总养分含量不低于5%，才可以标识为有机肥料，所以图112所标识有机肥料是有问题的。

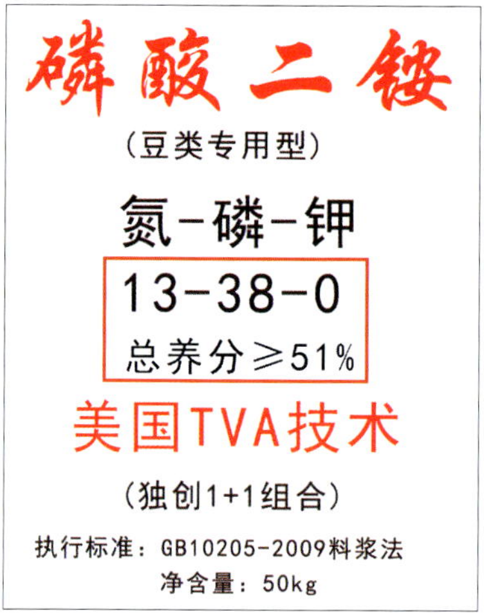

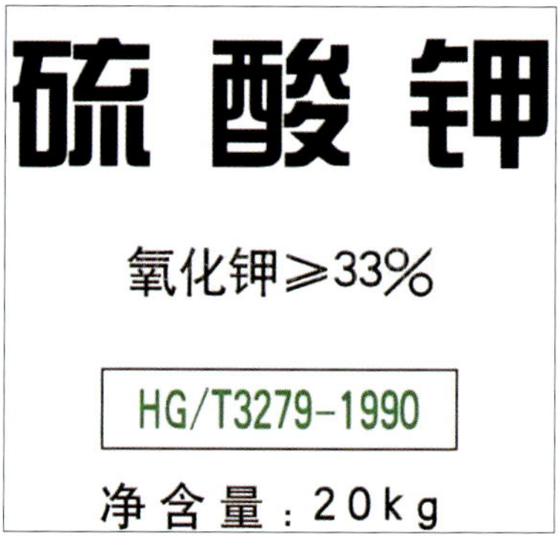

图111　氧化钾含量低于40%

图110　磷酸二铵养分含量不能低于53%

（3）缓释或控释养分含量与肥料名称相矛盾。市场上销售的缓释或控释肥料都是部分缓释或控释肥料，如控释掺混肥料、缓释掺混肥料、缓释复合肥料等。这些肥料要求缓释或控释养分含量不得低于8%。而有些肥料生产厂家混淆了缓释肥料和部分缓释肥料、控释肥料和部分控释肥料的概念，将缓释肥料或控释肥料作为肥料的名称，而控释或缓释养分量却标识部分控释或部分缓释肥料的要求含量。如图113即为典型的名称与缓释养分含量自相矛盾的肥料。

图112　有机质、总养分低于规定标准

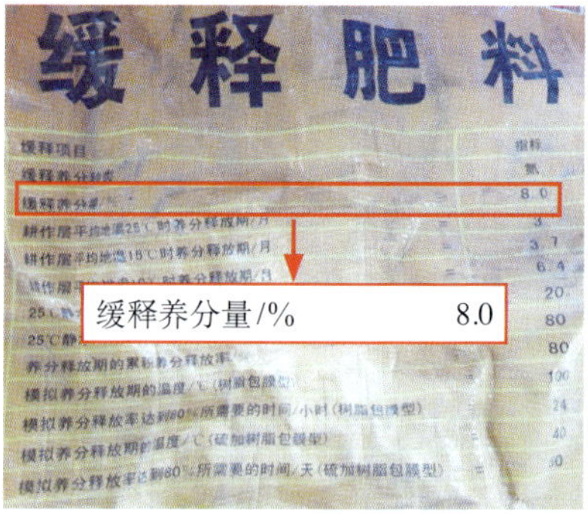

图113　标识缓释肥料，而缓释养分量却只有8%

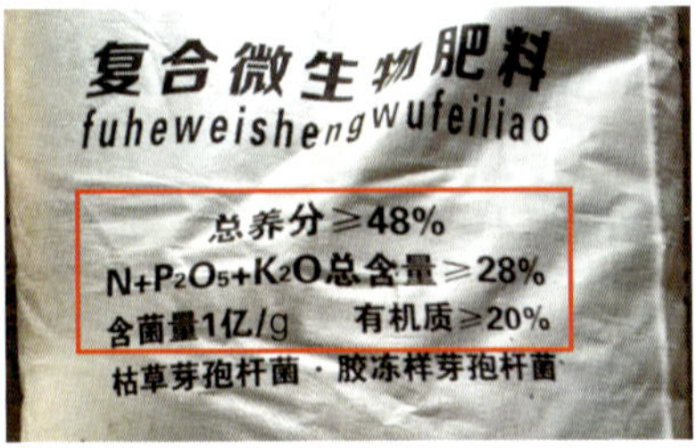

图114　有机质计入总养分含量，且氮磷钾含量高于25%

（4）总养分含量等于氮磷钾含量之和与其他元素和物质相加。复合微生物肥料总养分含量是指$N+P_2O_5+K_2O$含量之和。有机质含量不能计入总养分含量之内。而且复合微生物肥料$N+P_2O_5+K_2O$总养分含量液体的介于6%～20%，固体的介于8%～25%。低于下限高于上限的肥料，均要谨慎购买。

图114总养分含量是将氮磷钾的含量与有机质含量加在了一起，而且氮磷钾含量高于复合微生物肥料总养分25%的要求，是假肥料。该肥料为2013年农资忽悠团所卖的复合微生物肥料，忽悠团首先在唐山丰润西外环公路东侧租赁几间门市，然后再租赁几辆中巴车到农村，忽悠农民免费乘车去丰润，免费听农业技术员讲课，并赠送一些小礼品。农民经过忽悠团忽悠洗脑，大部分都购买了这种肥料。当农民发现上当受骗后，再去找这个农资门市部，已是人去楼空了。

图115　养分含量标识与技术指标要求矛盾

（5）养分含量表示方法与技术指标要求相矛盾。含氨基酸叶面肥料的主要技术指标：氨基酸含量按生产工艺流程分为微生物发酵和化学水解两种，微生物发酵的氨基酸含量为8%，化学水解氨基酸含量为10%。

图115的产品包装没有产品名称，消费者往往将“多效增产王”作为产品名称。根据标注的产品执行标准可以将该

产品理解为含氨基酸叶面肥料，但含氨基酸叶面肥料技术指标中的氨基酸含量无论固体产品还是液体产品均为百分数表示，而不是用浓度单位“g/L”来表示。所以该肥料包装标识可谓错误百出。

（6）包装容器上不标识养分配合式和养分含量。花卉类肥料、叶面肥料等肥料不标识养分含量和养分种类的情况较多。有些作物的控旺剂、抗倒剂、调控剂是由一些化学药剂合成的，是农药，由于农药登记证、农药生产许可证等证号不好办理，而使用肥料登记证号和肥料执行标准。一些厂家为避免消费者将其作为肥料使用，在其包装容器上既不标明农药成分也不标明肥料成分和含量。如图116、图117为一调控剂的正反面，均未标识养分含量。

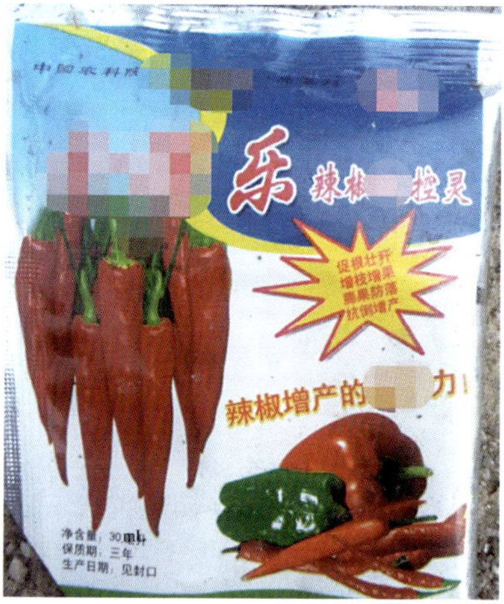

图116　包装正面没有养分含量

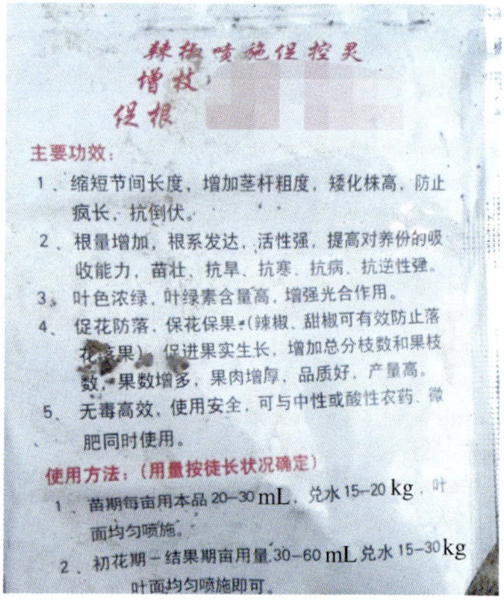

图117　包装反面也没有养分含量

32. 配合式中的磷、钾替换成其他元素或物质的复混（合）肥料，是假的吗？

是假的。复混（合）肥料配合式是指N-P_2O_5-K_2O（总氮-五氧化二磷-氧化钾），其中的磷为五氧化二磷，钾为氧化钾，不是生物磷、生物钾、黄腐酸钾、腐植酸钾（HAK）、Kom。有些企业为了谋取暴利，或为降低生产成本、增加市场占有率而采取这种偷梁换柱的伎俩。图118～图121这些肥料使用的物质或养分，成本很低，起不到五氧化二磷和氧化钾的作用，是假劣肥料。

图118　氧化钾被黄腐酸钾代替

图119　K_2O被Kom代替

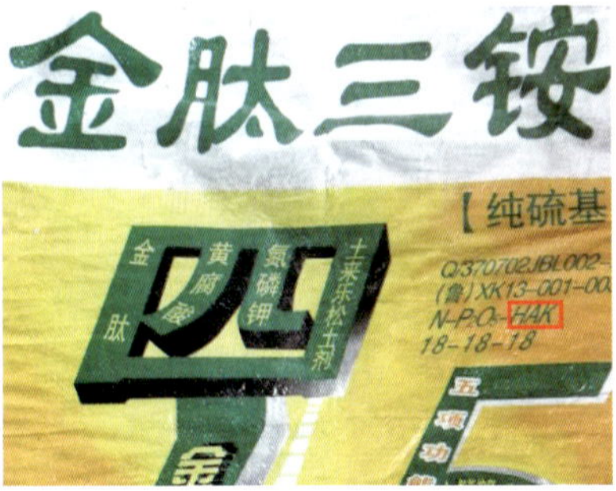

图120　K_2O被HAK代替

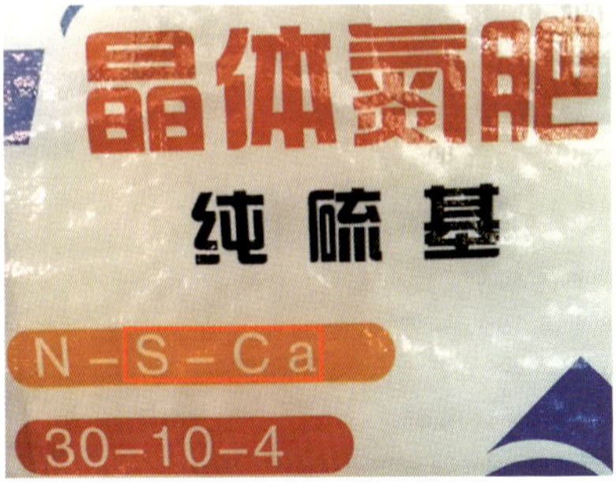

图121　S、Ca不可以作为养分配合式中的元素进行标识

33. 磷酸二铵的养分可以由氮、磷之外的其他元素和物质组成吗？磷酸二铵可以由磷酸二铵颗粒和其他肥料颗粒掺混而成吗？

不可以。磷酸二铵总养分含量是总氮和五氧化二磷之和，也可以用N+P_2O_5配合式来表示，不是氧化钾、钙、镁、硫、铜、铁、锰、锌等中微量元素之和，也不是有机质、氨基酸、腐殖酸等物质质量之和，如图122。总养分或总养分含量不可以用总养分、有效成分、总成分、总有效成分、总含量等模糊用语表示。有些厂家生产的磷酸二铵，是磷酸二铵和有机肥或其他肥料掺混的。如图123名称虽为磷酸二铵，但实际为磷酸二铵颗粒与硫酸铵掺混的肥料。

图122　磷酸二铵不能标识氮磷之外其他元素之和

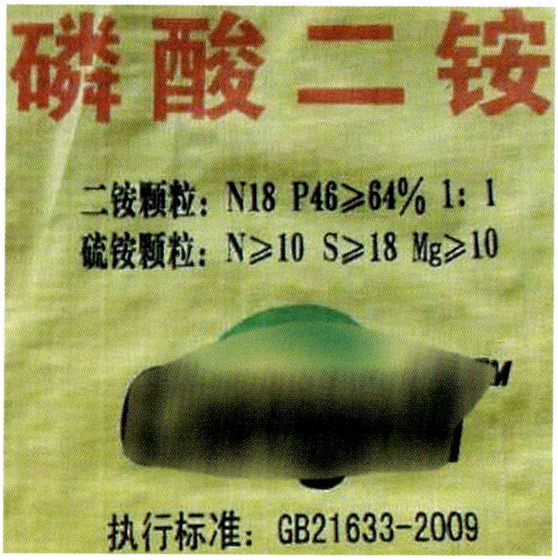

图123　磷酸二铵不是二铵与硫铵掺混而成

34. 假劣复混（合）肥料怎样标识中、微量元素？

图124　包装容器上标识Si、Mg元素

在复混（合）肥料中若加入中量元素、微量元素，是不能在包装容器和质量证明书上标明（有国家标准或行业标准规定的除外），更不能计算在总养分含量之内。

图124虽然没有将中微量元素计入到总养分里面，但在包装上标识了有益元素硅（Si）和中量元素镁（Mg），也是不允许的。

图125、图126为同一品牌复

混肥料包装正反两面，两面都标识了硫元素、蛋白质、氨基酸、腐殖酸等物质，而且这些物质和元素的含量正反两面都不相符；总养分含量正面为54%，反面为30%，两面不相符；氮磷钾等元素的分子式书写不规范；包装反面肥料名称为“氨基酸配方复混肥料”，不符合复混肥料执行标准规定。所以该肥料包装标识不规范，为假劣肥料，购买需谨慎。

图125　总养分含量54%与表格中氮磷钾含量不一致

图126　氮磷钾总养分含量与包装容器正面标识（图125）不一致

35. 如何识别含氯复混（合）肥料的真假？

复混（合）肥料氯离子的质量分数>3.0%且≤15%的产品，用汉字明确标注“含氯（低氯）”；氯离子的质量分数>15%且≤30%的产品，用汉字明确标注“含氯（中氯）”；氯离子的质量分数>30%的产品，用汉字明确标注“含氯（高氯）”。

复混（合）肥料包装容器上不能标注“氯”“含Cl”或“Cl”等字样。标明“含氯”的产品，包装容器上不应有忌氯作物的图片，也不应有“硫酸钾（型）”“硝酸钾（型）”“硫基”等容易导致消费者误认为产品不含氯的标识。有“含氯（高氯）”标识的产品应在包装容器上标明产品的适用作物品种和“使用不当会对作物造成伤害”的警示语。图127虽标识含氯，还应标明含氯的级别，而且不应有葡萄等忌氯作物图形；图128不允许标识“含Cl”，而且不应出现有西瓜等果菜忌氯作物图形，所以这两款肥料为假肥料。

图127　肥料含氯不适于水果蔬菜等忌氯作物使用

图128　复混肥料包装不允许标识“含Cl”

36. 掺混肥料包装容器上可以标识中、微量元素吗？如何标识？

可以标识。掺混肥料中加入中、微量元素，应按中量元素、微量元素（以元素单质计）两种类型分别标明各单养分含量，不得将中量元素、微量元素含量计入总养分。中量元素单养分含量低于2%，微量元素单养分含量低于0.02%的不应标明。包装容器上标有中量元素钙、镁、硫，微量元素铜、铁、锰、锌、钼、硼时，应检测各元素含量。

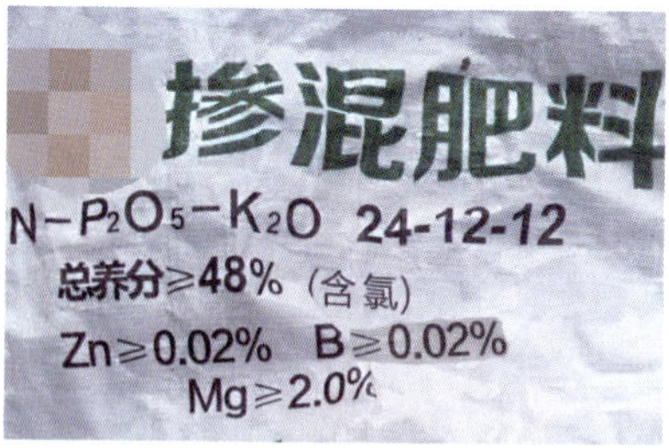

图129　掺混肥料可以标识中、微量元素和含量

37. 掺混肥料可以将未经混合均匀的添加物以小包装形式放入大包装袋内吗？

不可以。每袋净含量只允许标注包括单袋净含量允许差的单一数值，如（50±0.5）千克，不应将计入净含量范围内的添加物未经混合均匀以小包装形式放入包装袋中。如图130，主要肥料是35千克，内赠17.5千克小包装肥料是错误的。

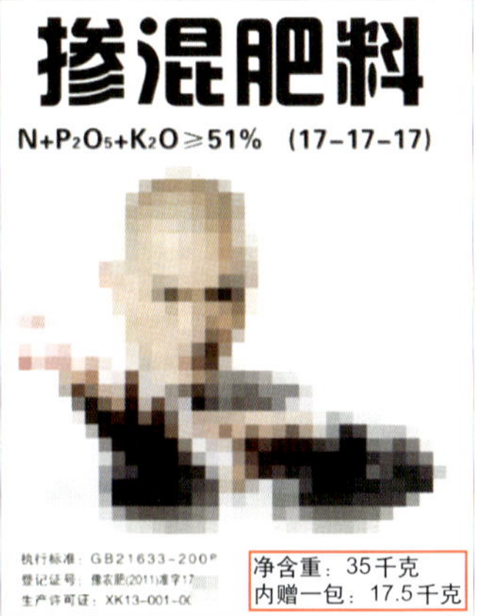

图130　标识掺混肥料“内赠一包：17.5千克”是错误的

38. 标识脲甲醛或脲甲醛工艺的复合肥料，含有脲甲醛吗？

不知道含不含脲甲醛。商家遇到执法部门抽检会说，没有脲甲醛，没有执行脲甲醛缓释肥料标准。只是使用脲甲醛工艺生产的普通复合肥料。商家在面对消费者质疑时会说，包装上标识着脲甲醛的肥料不含脲甲醛含什么？所以这类肥料应谨慎购买。

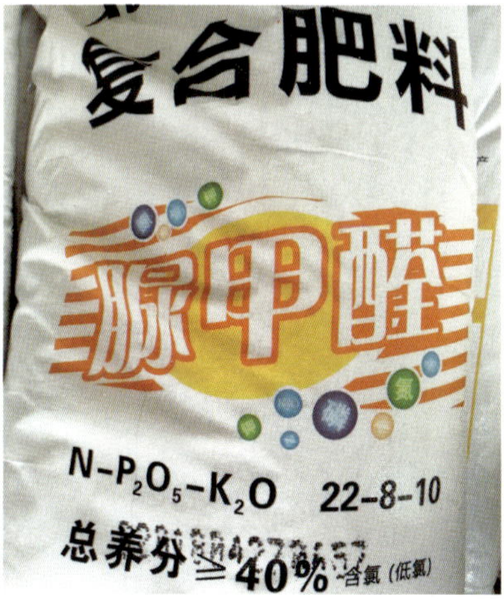

图131　脲甲醛复合肥料

图132　脲甲醛工艺复合肥料

39. 美国磷酸二铵确实好吗？

磷酸二铵是20世纪70年代末80年代初从美国进口的，由于当时我国土壤中磷元素缺乏，使用磷酸二铵后显著提高了我国粮食产量，所以农民朋友认为美国磷酸二铵质量好，能提高作物产量。一些不法化肥生产厂家针对农民的这种心理，灌装了许多标有美国等国外字眼的磷酸二铵，有些不是磷酸二铵，有些品位很低，质量很差。

这些中国企业在国内或国外注册一些名称中含有“美国”或“美国嘉吉”字眼的企业名称，再注册一些含有“嘉吉”两个字的商标，如图133的“美某嘉吉”，图134的“某某jiaji”，然后堂而皇之的就冒充美国进口二铵了。如图133磷酸二铵总养分为57%，根据磷酸二铵养分含量划分应为一等品，但却标为合格品。“美某嘉吉某某化肥有限公司”为陕西2017年新注册的公司，怎么可能几年前就生产磷酸二铵呢。图134公司名称好像是美国的公司，但公司地址却位于中国。这些披着美国外衣的磷酸二铵，真正进口

图133　标识美国嘉吉磷酸二铵，实为假货

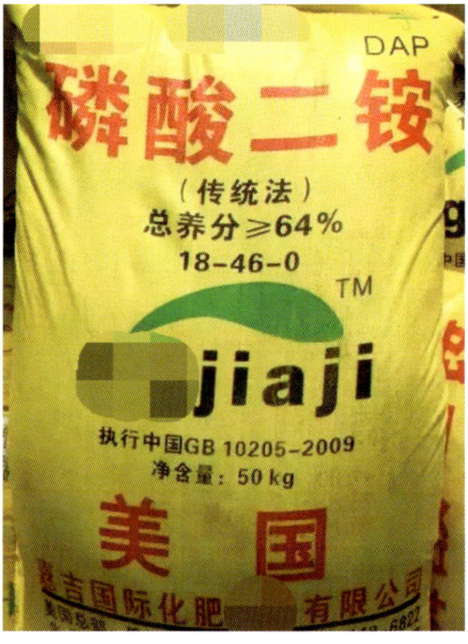

图134　标识某国jiaji磷酸二铵，公司地址却位于中国

的很少，都是灌装的国内的磷酸二铵或一些假劣肥料。

我国的磷矿资源丰富，生产成本低，每年出口几百万吨磷酸二铵。根据中国化肥网相关信息统计，2016年和2017年前8个月我国分别出口磷酸二铵268.64万吨和309.08万吨，同期我国进口磷酸二铵分别为2 988.563吨和2.161吨。农民朋友看到以上数据您还购买美国二铵吗?

40. 磷酸三铵是假劣肥料吗？

磷酸铵是正磷酸与氨的化合物。正磷酸与氨反应时因中和程度不同，生成三种盐类，即磷酸一铵、磷酸二铵、磷酸三铵。磷酸三铵的性质很不稳定，在常温下放出氨而变成磷酸二铵。所以根本就不存在磷酸三铵这种商品肥料。市场上销售的磷酸三铵执行标准为GB 15063—2009，总养分含量又包含了黄腐酸钾、中微量元素等物质。这些标注是给文化水平不高，特别是有盲目崇洋媚外心理的农民看的，显然是“拉大旗作虎皮”，来忽悠农民的，所以磷酸三铵是假劣肥料。

图135　磷酸三铵

41. 市场上的五花八门的“三铵”，该买哪一个？

图136～图141中“三铵”名称虽各不相同，但包装却非常相似，养分配合式的氧化钾不是用Kom、BSFA，就是HAK，或黄腐酸钾。这些肥料很有可能是同一个不法企业生产同一个产品，却不停地变换生产厂家名称和地址，以便躲避消费者的质疑，也让执法者找不到责任人。因此这样肥料应谨慎购买。

42. 假尿素养分含量如何进行标识？

尿素作为一种高氮肥料，养分只有氮含量一种，通常标识为

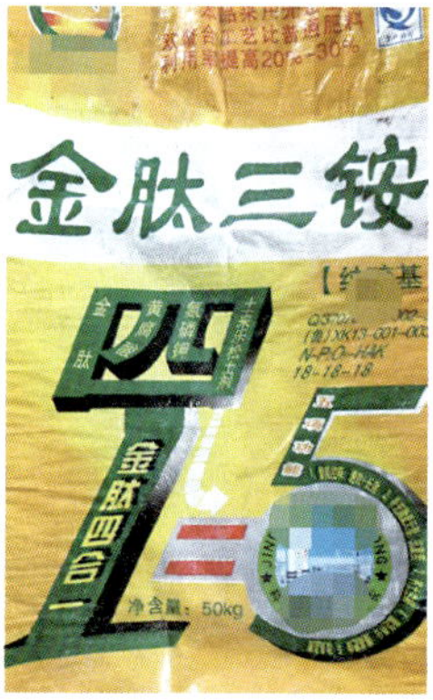

图136　金肽三铵

图137　聚合三铵

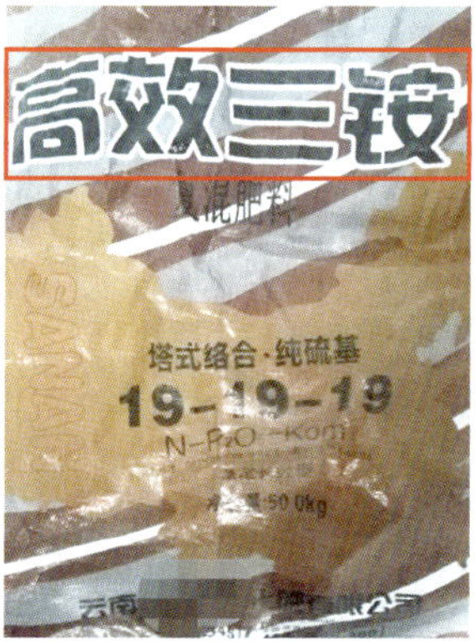

图138　高效三铵

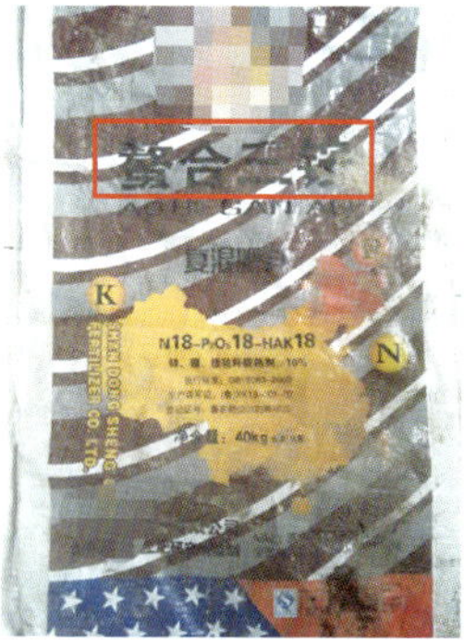

图139　螯合三铵

图140　锌三铵

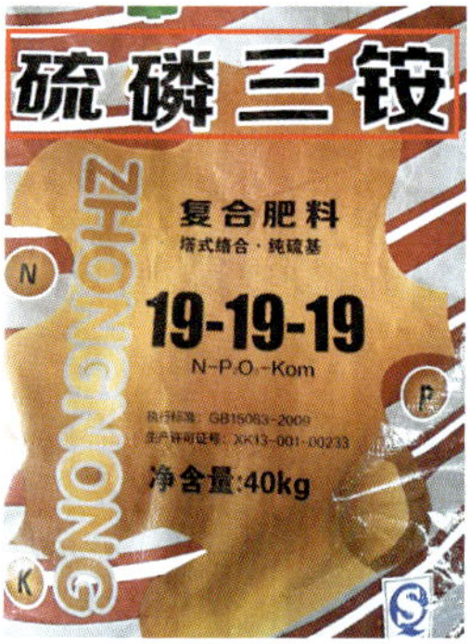

图141　硫磷三铵

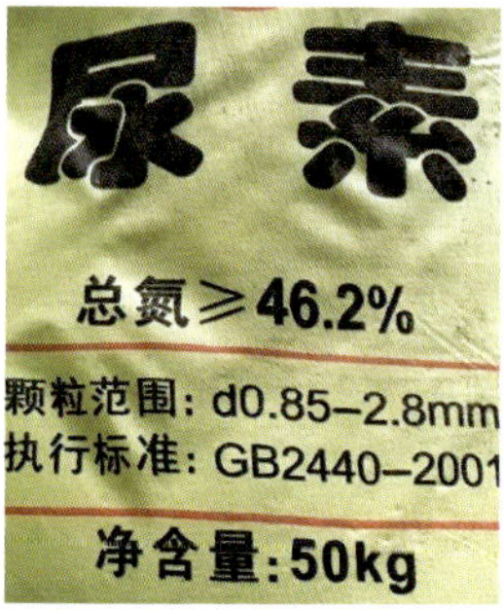

图142　标识总氮

总氮、总氮含量、含氮量、含氮等文字，如图142。尿素执行标准为GB2440—2001，其氮含量不低于46%。2018年7月1日执行新的农用尿素标准GB/T 2440—2017，该标准规定尿素最低含量为45%（附录23尿素执行标准和主要技术指标）。有些厂家虽然按照GB 2440—2001的要求，名称标注尿素，但养分含量不用“总氮”标识，替换成“总含量”“总有效成分”等，且总含量是氮元素和其他元素之和。如图143虽然标识总含量≥46.2%，而氮含量却只有24%；如图144标识总含量≥45%，而氮含量却只有21%。所以图143、图144中的尿素是假尿素。

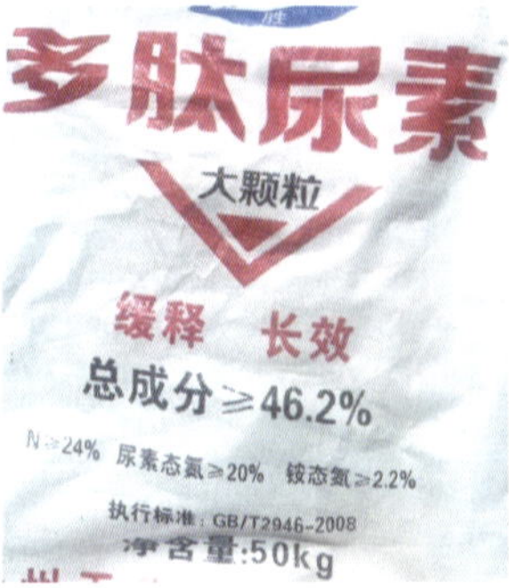

图143 标识为总成分≥46.2%

图144 标识总含量≥45%

43. 硫酸钾或氯化钾可以作为衡量钾肥品位（即氧化钾含量）的指标吗？

不可以。硫酸钾或氯化钾是各种肥料中价格较高的，所以一些不法厂家在养分含量上做起手脚来。硫酸钾或氯化钾的养分标识是氧化钾或K_2O，不是K_2SO_4、KCl这些肥料名称或分子式，也不是总养分，或其他元素含量之和。按图145标识理解，50千克肥料里面只含有50%的硫酸钾。图146只含氯化钾90%。所以遇到

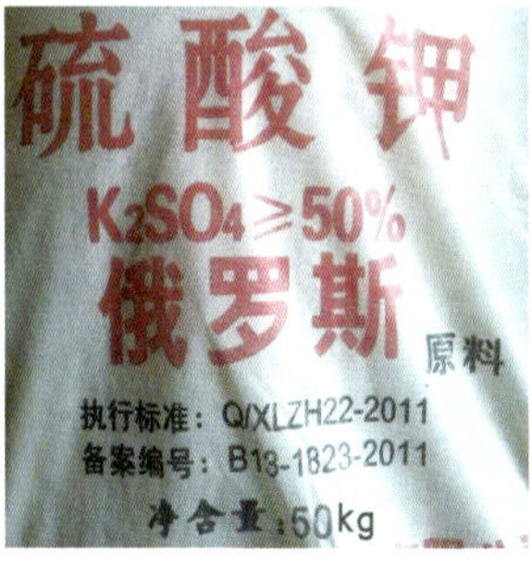

图145 执行企业标准，硫酸钾含量只有50%

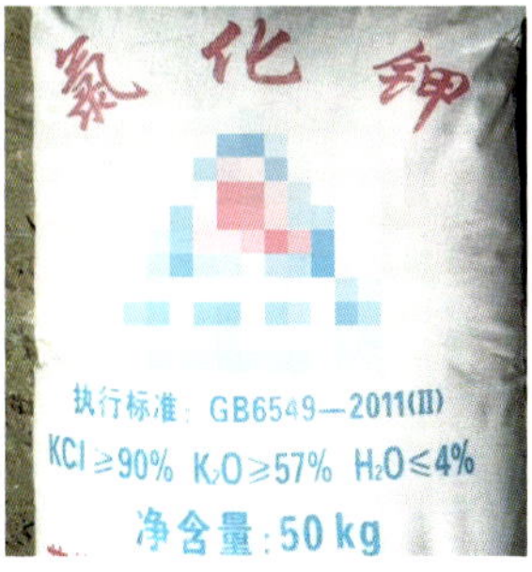

图146 执行企业标准，氯化钾只有90%

上述包装标识硫酸钾或氯化钾的肥料千万不要购买，这些都是假肥料。

44. 怎样识别进口钾肥？

我国钾肥资源匮乏，50%以上的钾肥需要进口，因此一些不法厂家利用农民迷信国外产品、港台货、洋字码的特点，在包装上标识“原产国德国”“美国独资”“原产地俄罗斯”等字样，有的使用繁体汉字，甚至直接使用外文字母或外国厂家名称；有的标称“俄罗斯提供技术”“挪威技术”“引进德国最新工艺”等等，五花八门。如图147、图148。

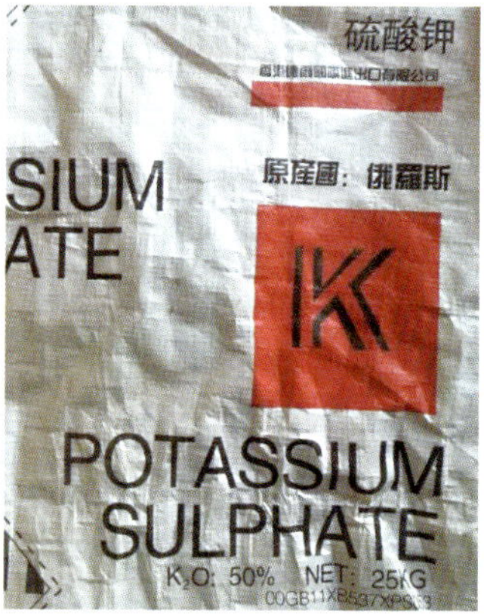

图147　使用繁体汉字标明原产国俄罗斯

进口化肥只需标明产品名称、商标、养分含量或等级、进口合同号、净重、原产国、生产厂名，经销商地址及电话即可。而无需标识执行标准、生产许可证号、生产厂家地址等。进口肥料应标识进口合同号如图149，而

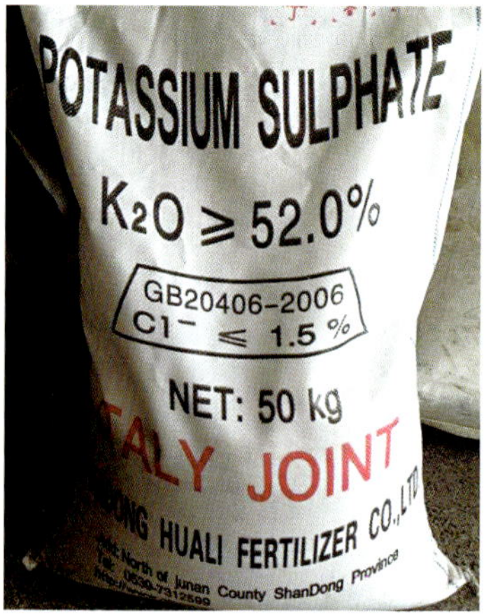

图148　执行企业标准，且无汉字标识

图149　标注进口合同号

不是进口企业代码，且每批次的进口合同号都是不一样的。

45. 假劣磷酸二氢钾在养分标识上有什么特点？

有些厂家打着磷酸二氢钾肥料的名称，但却将养分含量标识成氮、磷、钾，有的还含有硼、锌、铁、钙、镁等中微量元素，甚至直接标识生长因子、稀土等高科技名词。这些肥料给消费者的感觉不仅养分全面，而且功能强大，但都是假冒伪劣产品，欺骗农民的，如图150、图151。磷酸二氢钾只含磷、钾，并不含氮、微量元素等，也没有Ⅰ、Ⅱ型、稀土多微型、复合型、改进型之分，所以成分含量中标明“氮、磷、钾”“复方”“含微量元素”“稀土”“复合型”“改进型”的磷酸二氢钾都可视为假货。

图150　复合稀土二氢钾包装正面

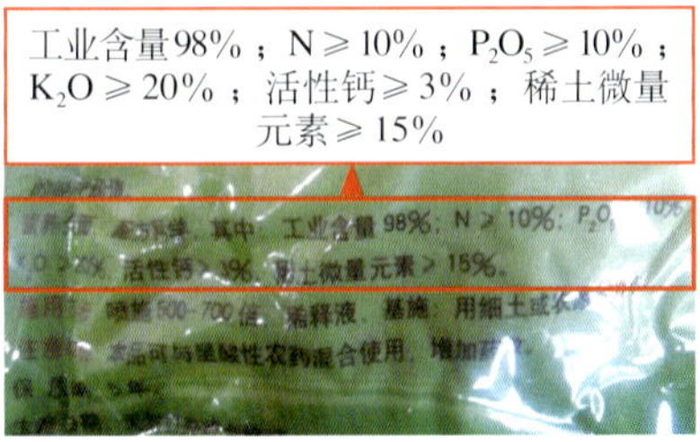

图151　复合稀土二氢钾包装反面，包含多种元素物质

46. 液体磷酸二氢钾是假的吗？

市场上流通瓶装的液体磷酸二氢钾，它从形态上就不符合HG/T 2321—2016标准上的“外观呈白色结晶或粉状”要求，而且按照国家有关规定，更没有液体磷酸二氢钾这个产品，根本不符合肥料级磷酸二氢钾化工行业标准要求，不能生产，可视之为假货。

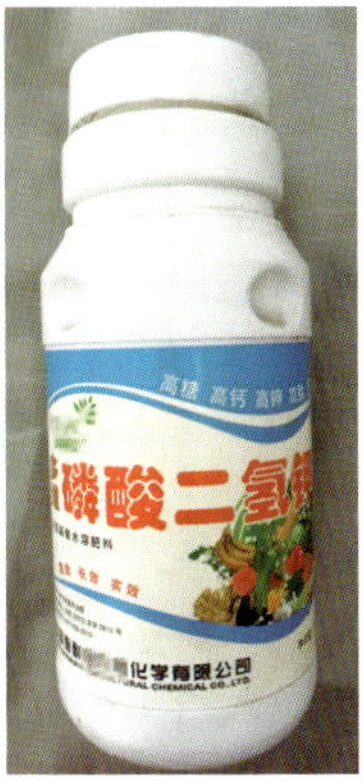

图152　液体瓶装“磷酸二氢钾”

47. 氯化铵养分含量可以标识氮以外其他元素吗？

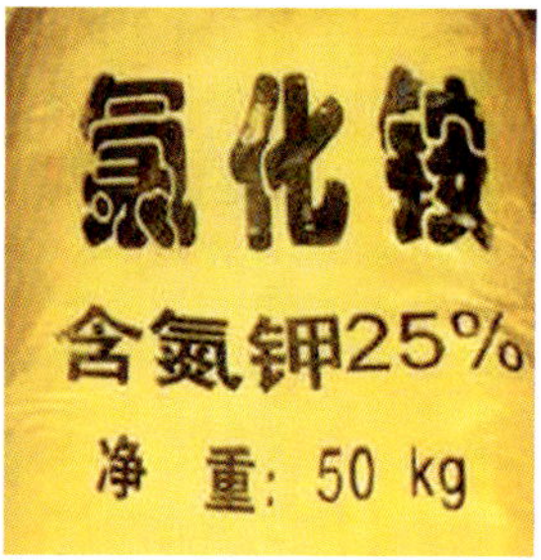

不可以。农业用氯化铵只含有氮元素，不含有其他元素。氮含量为24%～25.4%。图153标识为氯化铵，但养分却含25%的氮钾，这类肥料是假肥料，不要购买。

图153　氯化铵只含氮不含钾

48. 不标识重金属限量要求的水溶肥料是假劣产品吗？

不论哪种水溶肥料，有害重金属汞、砷、镉、铅、铬的含量都要符合农业农村部有害物限量要求，且重金属限量要求必须在包装标签上标明，如图154。不标识重金属限量要求的产品，假劣的可能性较大，不建议购买。

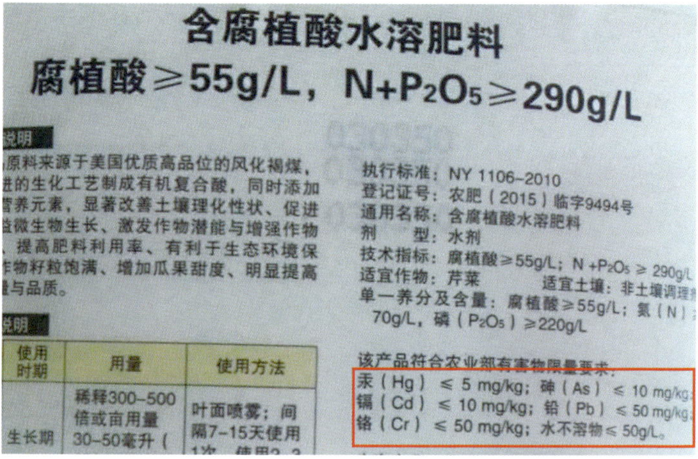

图154　水溶肥料必须标明有害重金属限量要求

49．一种肥料包装上标注多个生产企业，是假的吗？

是假的。生产肥料必须明确标识生产企业名称和生产企业地址。生产企业名称和生产企业地址标识不清的产品，就是使用瞒天过海的方法，让消费者在发现产品有问题后，找不到生产者无法退换索赔。图155同一包装有3个企业名称，而企业地址只有一个，请问哪一个是真正的生产企业，这样的公司标注让消费者无所适从。

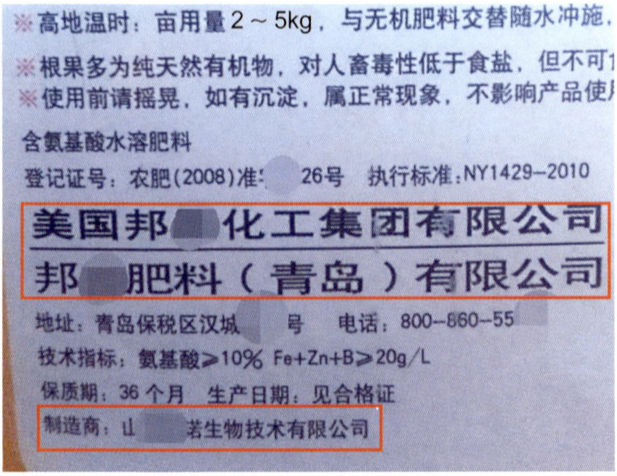

图155 一种水溶肥料，多个公司

50．联系电话和网址不存在的肥料，是假的吗？

是假的。一些造假者为迷惑消费者，将肥料的各种标识做得近乎完美，不仅各种证号齐全，而且地址、联系电话也应有尽有。但为了逃避责任，这些售假者常常将联系电话写成空号，网址也不存在，如图156。一些基层农资零售商贪图便宜以较低的价格进到假货后，一旦出现问题联系厂家，打手机手机不接，打电话电话是空号，出现的后果只有自己承担，有些人为此倾家荡产。

所以在购买肥料前先电话联系或登录网址验证一下再决定购买与否。

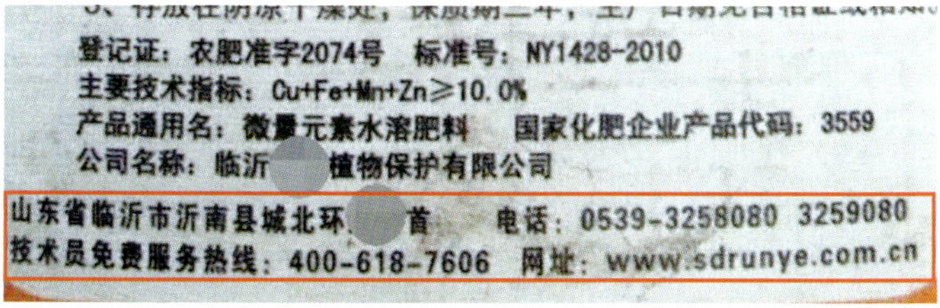

图156　3个联系电话都是空号，网址不存在

51. 微量元素水溶肥料可以抗病治病吗？

图157　肥料防病治病为虚假宣传

各种肥料提供作物生长所需的养分，作物所需营养充足，长势旺盛，其抗病能力就会显著增强。所以充足的肥料只能促进作物健康生长，增强作物抗病能力，并不能防治和预防病害发生发展。图157执行微量元素水溶肥料标准，但标识“有效防止白粉病、赤霉病”“抗病菌抗条纹叶枯”为虚假宣传。

52. 包装袋正反两面的肥料名称不一致，可以认定为假肥料吗？

可以。包装容器上的肥料名称，表明该包装容器内的肥料是什么，如果肥料包装正反两面的肥料名称不一致，那么消费者购买的是大量元素水溶肥还是复合微生物肥料呢（图158、图159）？所以标注不一致的肥料应谨慎购买。

53. 包装容器或标签上同时标注肥料和农药名称的是假肥料吗？

是假肥料。下面图片用大字号标识为芸薹素内酯，让消费者

图158　包装正面凸显24K红钾，弱化大量元素水溶肥

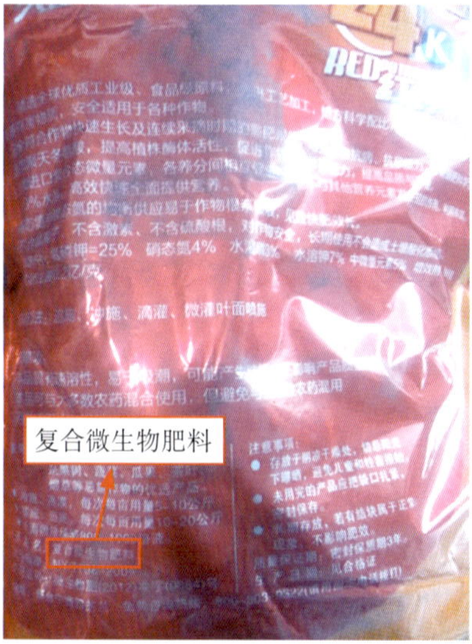

图159　反面肥料名称为复合微生物肥料

误以为是农药调节剂。而小字标识为含氨基酸水溶肥料，同时标注了肥料登记证号、肥料执行标准（但都是错误的）和肥料养分含量，所以应为肥料较为准确。所以这种标识相互矛盾的肥料应谨慎购买。

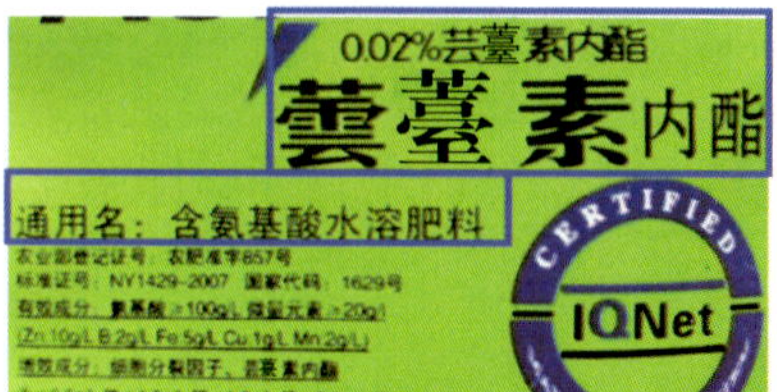

图160　是芸薹素还是含氨基酸水溶肥

54. 调节剂色带可以标识在叶面肥料包装上吗？

不可以。调节剂是农药的一种，在其包装底部用深黄色带表示，色带上标注“调节剂”3个字。叶面肥料是肥，不是农药。有些造假者将叶面肥和调节剂的概念混淆了，所以才会出现叶面肥包装袋上标识调节剂色带的笑话，如图161。图161名称不能确定其为叶面肥料，但其执行标准为含氨基酸叶面肥料标准（也是错误的），因此确定其为叶面肥料。

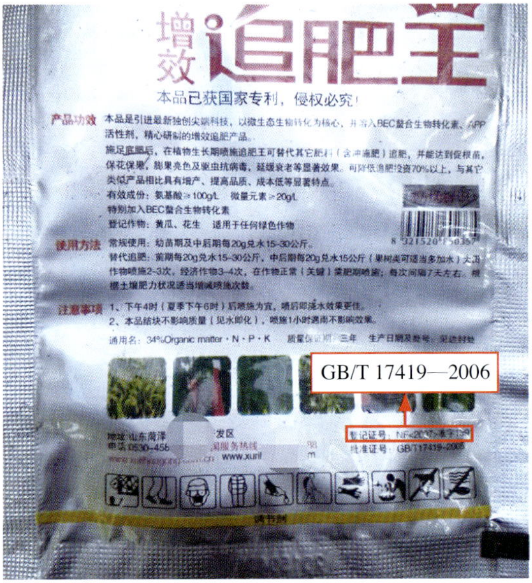

图161　叶面肥料标识农药色带

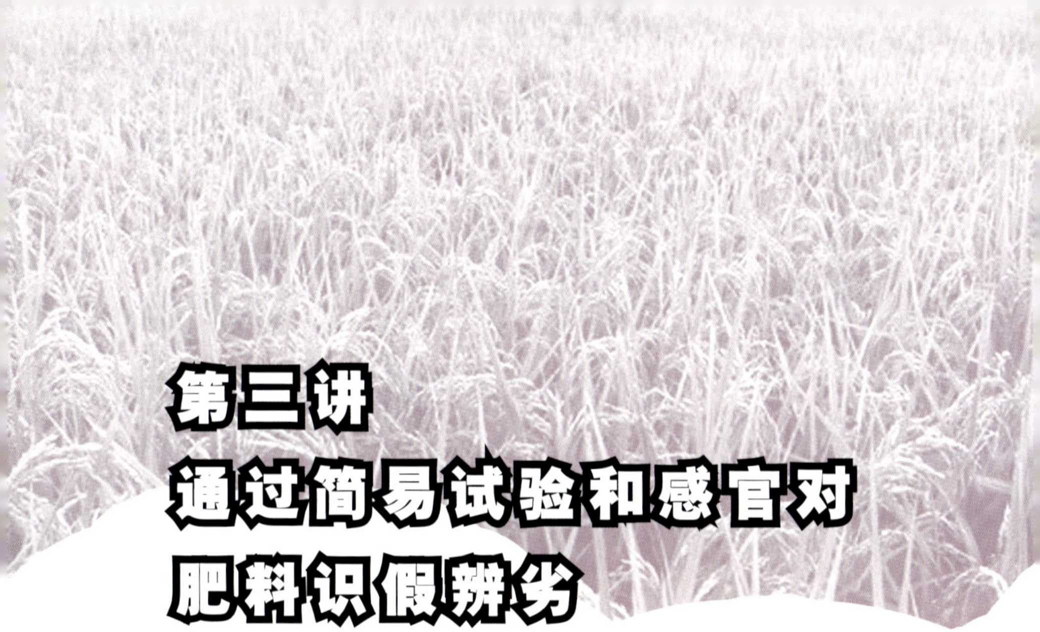

第三讲 通过简易试验和感官对肥料识假辨劣

有些假劣肥料的外包装的标识是没有瑕疵的，但肥料却是假肥料、劣质肥料。农民消费者鉴别这些肥料，不能像在化验室那样进行化验，那有没有其他的简易方法进行肥料鉴别呢？有，农民朋友可以借助身边的刀具、薄铁皮、燃气灶、温度计、冰箱、碱面、热水等工具和物质进行简单试验，还可以利用自己身体器官进行感知如用鼻子闻、用嘴尝、用手摸、用眼看等方法，可以识别一些假劣肥料。但因肥料质量出现纠纷，一定要到专业化验室进行化验，切不可凭经验判断真假。

55. 包装和肥料不符，可以定性为假肥料吗？

可以。有些厂家包装容器上标注复混肥料或复合肥料，执行的标准也是GB 15063—2009，且没有含氯标识，但肥料却是含有氯化钾、氯化铵等肥料的掺混肥料，标识与产品不符。图162、图163就是唐山市丰润区一些农户购买的复混肥料，包装标识与肥料严重不符。生产许可证号不完整，缺少厂家所在省份简称。

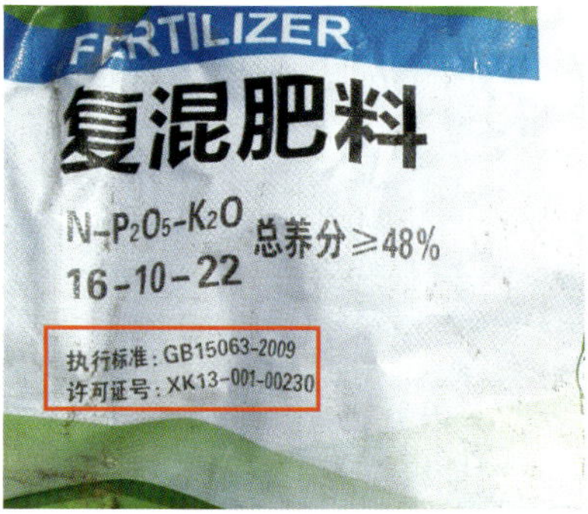

图162　复混肥料包装容器未标明“含氯”

图163　肥料为含氯化钾掺混肥料

56. 购买复混肥料（复合肥料）分为哪六步程序？

一看：先看肥料是否双层包装，是否二次封口。再看外包装袋上是否标明商标、肥料名称、生产许可证号码、肥料登记证号码、执行标准编号、养分总含量（N、P、K单项养分含量低于4%，不得标注）、生产企业的名称和地址等内容（参见问题17至问题56），若上述标识不全，有可能是伪劣产品。再看袋内肥料颗粒是否一致均匀，有无大硬块，粉末较少。如配用加拿大钾肥的，可见红色细小钾肥颗粒。含氮量较高的复混肥，存放一段时间肥料表面可见许多附着的白色或者无色的微细晶体。这种晶体是由于尿素和氯化钾吸湿后形成的，劣质复混肥没有这种现象。高塔造粒复合肥料的颗粒光滑圆润，粒型美观。而且其颗粒在造粒干燥过程中，由于内外收缩比不一样，常常在颗粒表面形成孔洞，这是高塔复合肥料的特点，可以和其他肥料相区别，如图164。氨酸法造粒的复合肥料颗粒不规则，大小不一。喷浆造粒复混肥料粒型圆滑漂亮，颗粒整齐度较高。有些假劣复混肥料颗粒较大，呈半透明晶体状，有光泽，实为氯化铵挤压颗粒冒充复混肥料，见图165。

二摸：复混肥料国家标准规定低浓度复混（合）肥料的水分含量应小于5%，水分如果超过5%，肥料抓在手中会感觉粘手，并可以攥成饼状。用手抓半把复混（合）肥揉搓，手上留有一层

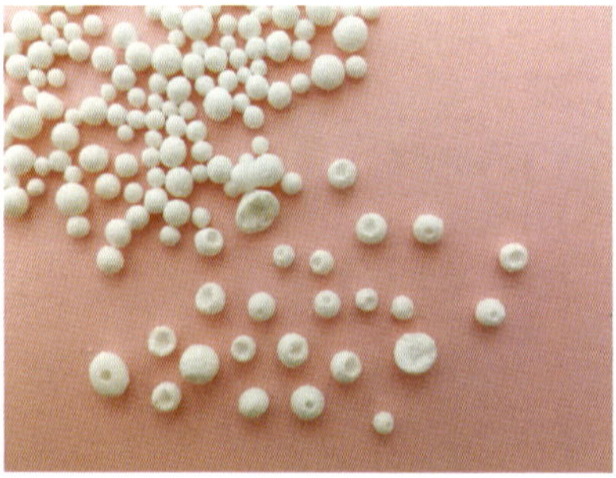

图164　高塔造粒复合肥料部分颗粒有孔洞

图165　假复混肥料颗粒较大，呈晶体状，有光泽

灰白色粉末并有黏着感的为质量优良；若摸其颗粒，可见细小白色晶体的也表明为优质。

三烧：将2～3粒复合肥放在薄铁皮上加热，或用一个细铁丝弄成一个小圈，将化肥粒放在上面烧，高浓度复合肥熔融较明显，呈沸腾状，有气泡冒出，伴有大量的氨气体，剩余物较少，如图166；劣质复合肥用火烧时熔融较慢，有的不冒气泡，有的伴有少量气泡出现，最后剩余物呈残渣状，较分散，冷却后变硬，如图167。有氨臭味说明含有氨，出现黄色火焰说明含有钾，呈沸腾状

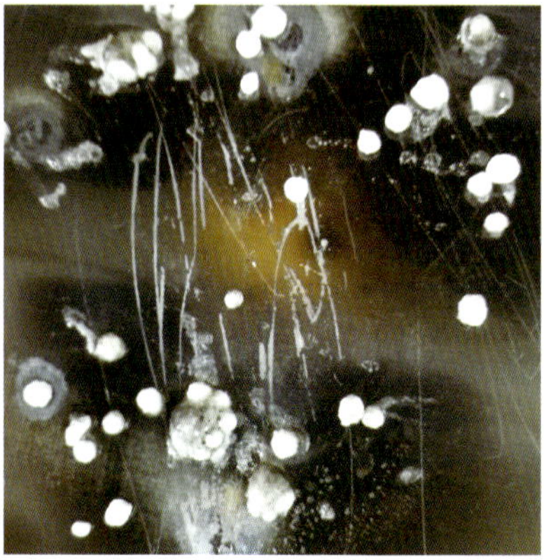

图166　优质复合肥烧灼呈沸腾状并伴有白色烟雾

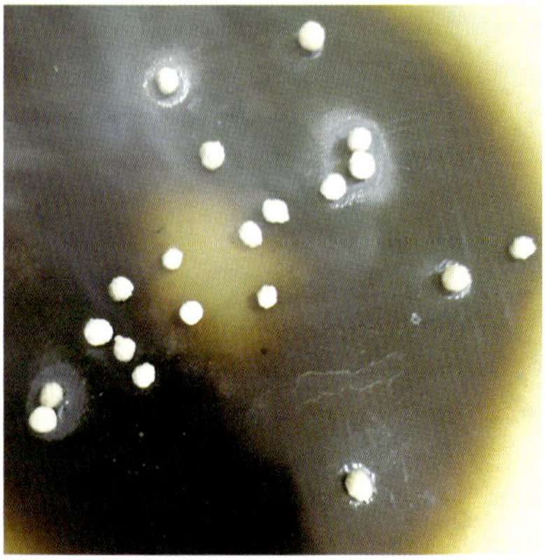

图167　劣质复合肥烧灼后粒型几乎无变化

说明含有磷。且氨臭味越浓，黄色火焰越黄，沸腾越激烈，表明氮、磷、钾含量越高，即为优质复混肥。

四闻：复混（合）肥料一般来说无异味（有机无机复混肥除外），如果有异味，是由于基础原料氮肥主要用农用碳氨，或是基础原料磷肥中含有毒物质三氯乙醛（酸）。三氯乙醛（酸）进入农田后轻则引起烧苗，重则使农作物绝收，而且毒性残留期长，影响下季作物生长。因此，农民朋友最好不要买有异味的复混（合）肥。

五溶：优质复混（合）肥料浸泡在水中绝大部分能溶解，即使有少量沉淀物，也较细小。而劣质复混（合）肥难溶于水，残渣量大粗糙且坚硬，有些假劣肥料甚至仍保持颗粒原形，如图168、图169。

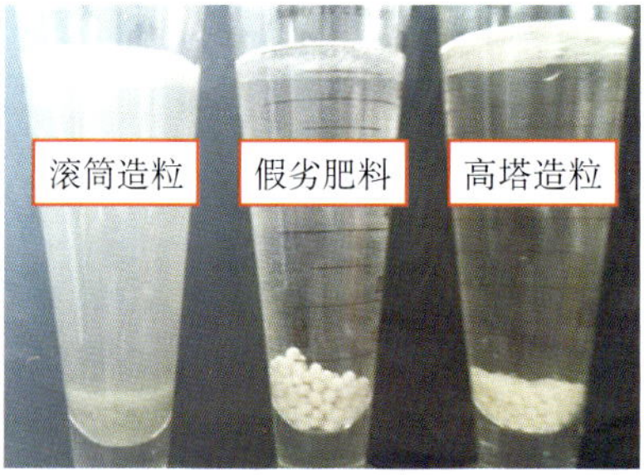

图168　3种不同复合肥料分别用水浸泡

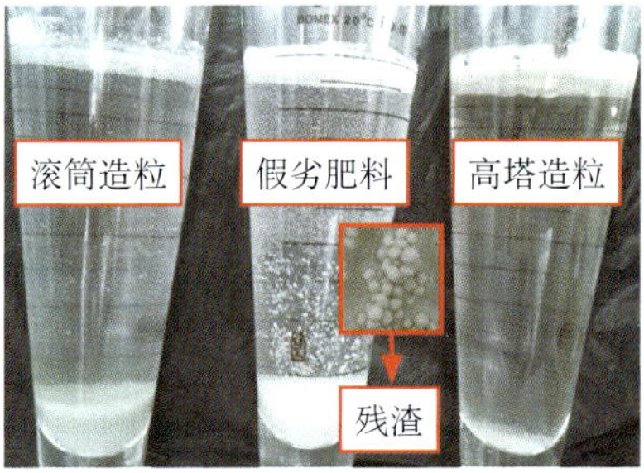

图169　浸泡12小时后3种复合肥料的溶解程度

六尝：取一粒复混（合）肥用舌头舔一下，高浓度复混（合）肥非常“涩”，舌头发麻，低浓度复混（合）肥“涩”度降低。

57. 如何识别假磷酸二铵？

一看：先看肥料是否双层包装，是否二次封口。再看外包装袋上是否标明磷酸二铵名称、商标、执行标准、养分总含量（$N+P_2O_5$）、生产企业的名称和地址、联系电话（问题17至问题56）；最后看内包装袋是否放有产品合格证，若上述标识不全，有可能是伪劣产品。再看袋内肥料颗粒颜色是否一致，颗粒大小是否均匀。掺有精制有机肥料的假磷酸二铵颗粒大小不均匀，磷酸二铵颜色深褐色或褐色，略显半透明，比较圆润，形状椭圆不规则，如图170；精制有机肥颗粒光滑均匀，有光泽，黑色。掺有水泥颗粒的假磷酸二铵颗粒大小也不均匀，水泥颗粒大，且表层经阳光暴晒容易脱落，而磷酸二铵颗粒无变化，仍保持原来颜色和形状，如图171。

图170　磷酸二铵颗粒均匀、圆润、略呈半透明

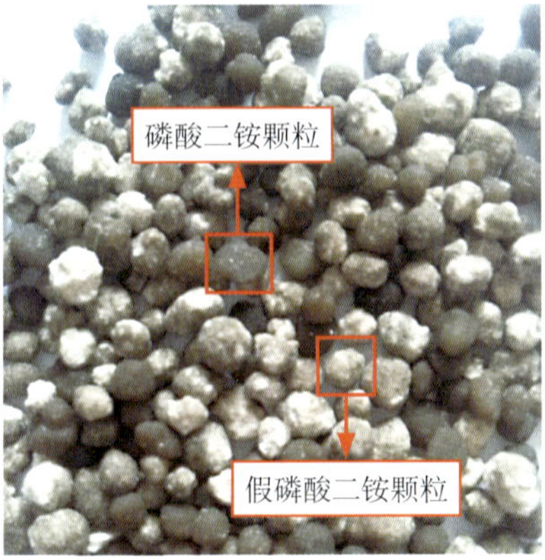

图171　经阳光暴晒假磷酸二铵颗粒表层脱落呈灰白色

二烧：磷酸二铵、硝酸磷肥在烧红的木炭或铁板上能很快熔化，并放出氨气，且磷酸二铵呈沸腾状，如图172；重过磷酸钙（三料）在烧红的木炭或铁板上没有氨味；精制有机肥在烧红的木炭或铁板上也没有氨味，并且颗粒形状无变化；假磷酸二铵颗粒，在灼热的铁板上无变化如图173。

三溶：取磷酸二铵少许，放入透明玻璃水杯中，加入适量的水摇动片刻，静置几分钟后，不溶化的是水泥制品；混浊发黑的为粉煤灰制品或精制有机肥；上层清澈溶液较多的是磷酸二铵真品；下层混浊较多的为硝酸磷肥。

四切：取磷酸二铵样品用刀具从颗粒中间切开，磷酸二铵颗粒坚硬，切割时刀片外侧半个颗粒常常迸射较远，断面细腻有光

图172　磷酸二铵颗粒呈沸腾状

图173　假磷酸二铵遇高温颗粒形状无变化

图174　假磷酸二铵颗粒切面似油渍状

泽，呈半透明状。水泥不易切开，其余假肥颗粒较软，无迸射现象，粉煤灰、精制有机肥断面粗糙呈灰黑色无光泽，硝酸磷肥断面灰色无光泽。废旧机油包裹假磷酸二铵，断面似油渍状。如图174、图175、图176。

五摸：硝酸磷肥比磷酸二铵颗粒硬度小，吸湿快，在潮湿条件下，易吸收空气中的水分变潮湿而散粒。因此，可取肥料样品握于手心片刻，颗粒表面明显

图175　精制有机肥颗粒断面粗糙

图176　磷酸二铵断面细腻有光泽

易湿润的为硝酸磷肥，颗粒表面湿润溶解污染掌心的是精制有机肥，有干燥感的是水泥、粉煤灰，有凉爽感的是磷酸二铵。用废旧机油包裹的假磷酸二铵，用手摸过后，手掌会沾着油渍，用鼻子闻，有明显机油味。

58. 如何鉴别尿素真假？

真尿素价格透明，利润低，需求量大，化肥经销商卖尿素不赚钱，除去装卸每袋仅赚1 ~ 5元，有些地方甚至出现尿素价格倒挂的现象，卖尿素是赔本赚吆喝，所以市场上“李鬼”就出现了。那么如何简易识别真假尿素呢？可以采取以下几种方法。

一看：看尿素包装容器标识，可参照肥料包装标识部分。查包装的生产批号和封口。真尿素一般包装袋上生产批号清晰且为正反面都叠边的机器封口。假尿素包装上的生产批号不清楚或没有，而且大都采用单线手工封口。真尿素是一种半透明且大小一致的白色颗粒，如图177；含杂质暗，或呈现明显反光，即可能混有杂质或其他物质。晶体尿素颗粒为正方体或长方体的结晶，如图178；硫镁尿素因厂家不同，形状和颜色外观也不同，一般为正方体、长方体或球状，白色透明晶体或灰白色，如图179。

图177　尿素为白色半透明颗粒

二闻：正规厂家的尿素正常情况下无挥发性气味，只是在刚出厂颗粒温度高或受潮高温后才能产生氨味。若正常情况下挥发味较强，则尿素中含有杂质。

三溶：取两杯清水，放一勺尿素在一杯清水中，尿素溶解后用手摸杯，有尿素水杯手感觉冷或凉，因尿素溶解后从外界吸收热量降低水温，所以手感觉冷凉，如图180。

四摸：真尿素颗粒大小一致，不容易结块，因而手感较好，

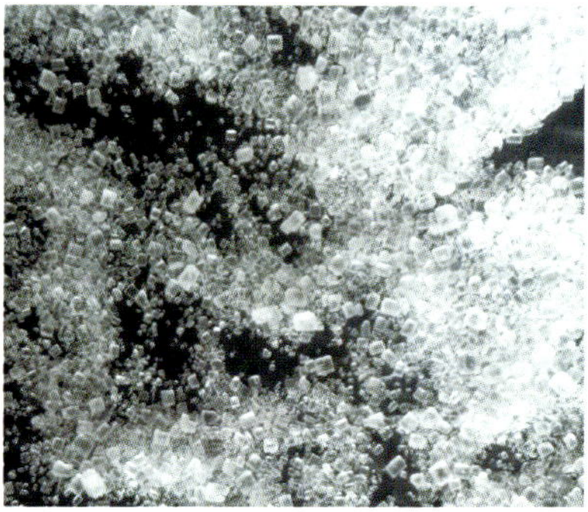

图178　晶体尿素

图179　硫镁尿素

而假尿素手摸时有灼烧感和刺手感。

五烧：正规厂家生产的尿素放在烧红的铁片上呈沸腾状迅速熔化，而且边熔化边冒白烟（不燃烧），并放出刺鼻氨味，熔化后铁板无残留物，如图181。如在木炭上出现剧烈燃烧，发强光，且带有“嗤嗤声”，或有残留物，则其中必混有杂质。晶体尿素和硫镁尿素颗粒在灼热的铁片上，颗粒有迸射现象，并迅速熔化，冒白烟，有硫酸味，应为硫酸铵造粒而成。

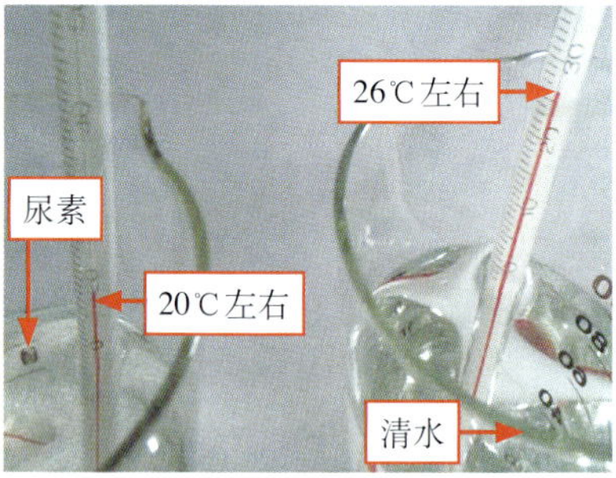

图180　尿素溶解吸热

图181　尿素在高温下熔化

59. 识别钾肥的真假有哪几种简单方法？

目前市场上销售的钾肥主要有氯化钾、硫酸钾和磷酸二氢钾。

由于钾肥价格相对较贵，所以市场上假冒伪劣产品较多，如何识别这些假钾肥呢？主要分为以下几种方法，即看、溶、闻、尝、烧、试。

一看：首先看包装标识。化肥包装袋上必须注明产品名称、养分含量、等级、商标、净重、厂名、厂址、标准代号等（参见问题17至问题56）。如上述标识没有或不完整，则可能是假钾肥或劣质品。其次看外观。磷酸二氢钾颗粒为无色透明结晶体，图182颗粒颜色为浅黄色，涉嫌伪劣产品。粉状硫酸钾多为白色结晶体，含有杂质时呈淡黄色或灰白色；颗粒状为白色或灰白色，无光泽无透明感，如图183。有些假冒硫酸钾颗粒为半透明玉石状颗粒，有光泽，如图184。氯化钾颗粒一般为红色、白色或红白相间结晶体，颗粒棱角分明，如图185、图186；假冒氯化钾颗粒呈红白相间半透明玉石状，颗粒较大，无明显棱角，如图187。氯化钾颗粒较坚硬，用指甲掐断较费力；假冒氯化钾颗粒疏松，可轻松用指甲掐碎。

二溶：即用水浸泡钾肥，看其溶解程度。取氯化钾、或硫酸钾、或磷酸二氢钾少许，放入干净的玻璃杯，加入纯净水半杯，充分搅拌均匀，看其溶解情况，全部溶解杂质较少的是钾肥；不能迅速溶解、呈现粥状或沉淀较多的是劣质钾肥或假钾肥。

三闻：一些伪劣磷酸二氢钾由于制造工艺简陋，杂质往往超

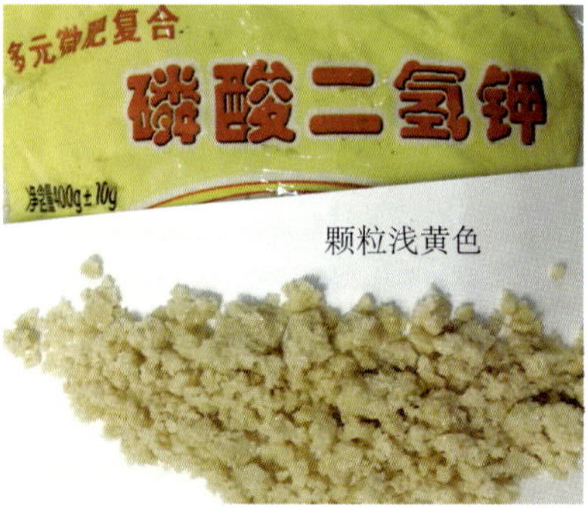

图182　磷酸二氢钾颗粒浅黄色

图183　硫酸钾颗粒白色

图184　假冒硫酸钾颗粒呈玉石状半透明

图185　红色氯化钾颗粒

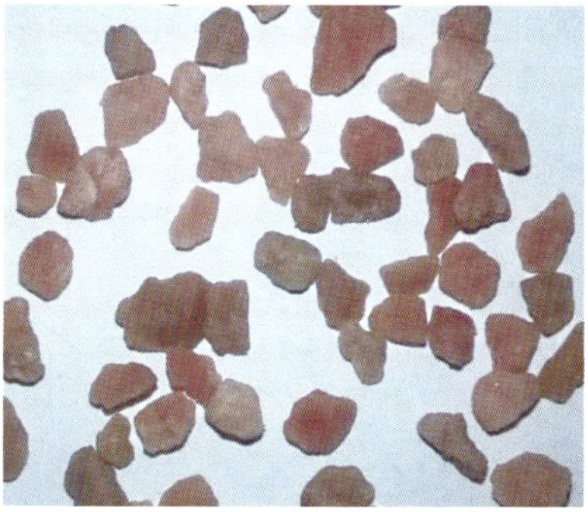

图186　红白相间氯化钾颗粒

图187　假冒氯化钾颗粒

标，所以肥料带有异味，如氨味、酸臭味等。有些厂家为掩盖这些异味，在假劣磷酸二氢钾中添加香精，使消费者打开包装就能闻到一股奶香味。而有些厂家也以此为卖点，宣传什么“带香味的磷酸二氢钾”。

四尝：因市场上钾肥相对较缺，价格较高，有些不法厂商用红砖粉碎后充当钾肥。在购买时农民朋友可以轻微舔一舔红色颗粒，氯化钾有咸味，而红砖颗粒则没有咸味。

五烧：即铁片烧灼。取少量硫酸钾或氯化钾放在灼热的铁片上，应不燃、不熔，颗粒形状无变化，有“劈啪”爆裂声。尤其是颗粒较小粉状钾肥，不仅有“劈啪”爆裂声，而且肥料颗粒在受热后出现跳跃现象。无此现象应进一步验证。取硫酸钾颗粒和假冒硫酸钾颗粒分别放在灼热的铁片两边，硫酸钾颗粒高温烧灼下不变形不变色；假冒硫酸钾颗粒逐渐沸腾呈不透明白色泡状，冷却后泡状物不破裂，泡状物打碎后呈蛋皮状，但表面粗糙，如图188～图190。氯化钾颗粒在高温下灼烧，形状不变，红色逐渐褪去呈灰黑色；假冒氯化钾颗粒放在灼热的铁片上，颗粒边缘迅速沸腾，颗粒表面砖红色逐渐消失，变成黄白色颗粒后不再变化，如图191、图192。磷酸二氢钾颗粒放在灼热的铁片上，迅速熔化

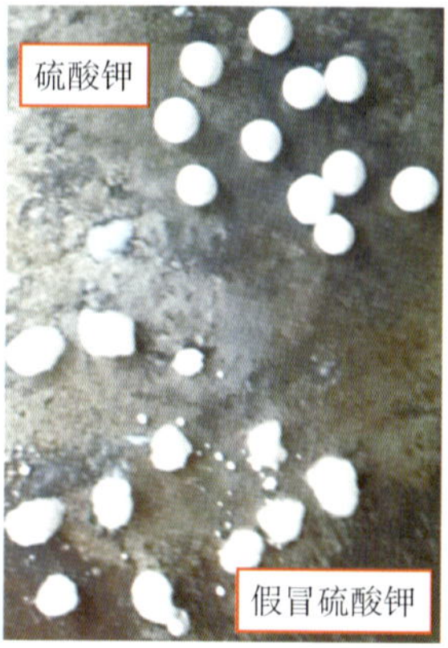

图188　真假硫酸钾颗粒

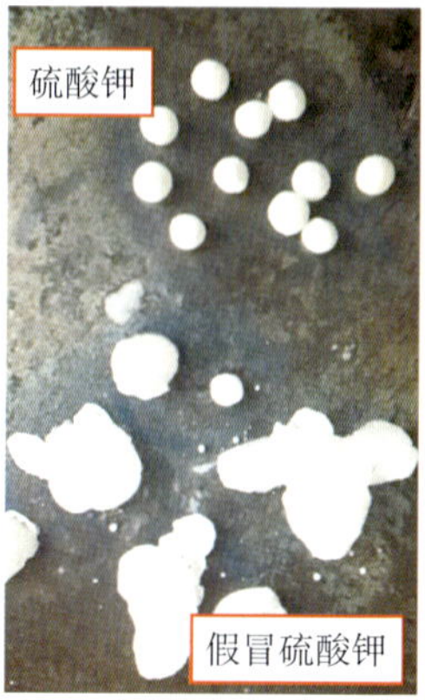

图189　真假硫酸钾颗粒高温下不同变化

图190　假硫酸钾遇高温成不透明泡状物

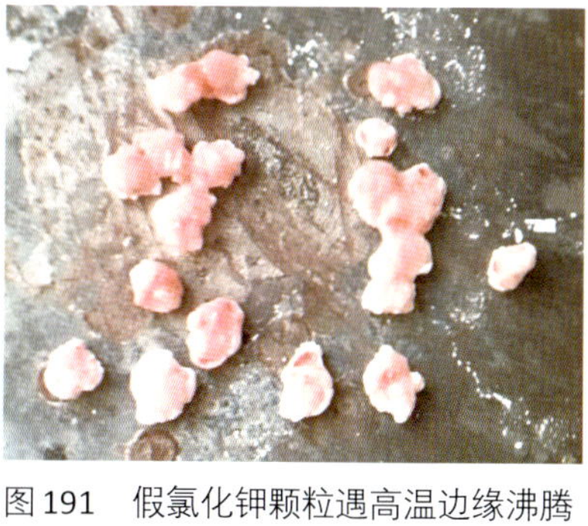

图191　假氯化钾颗粒遇高温边缘沸腾

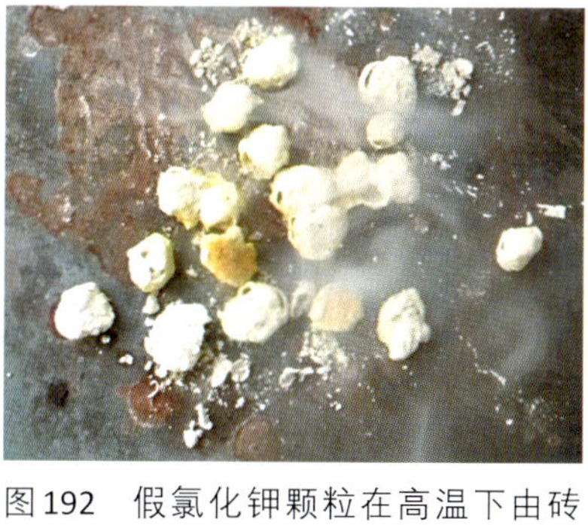

图192　假氯化钾颗粒在高温下由砖红色变成黄白色

沸腾，冷却后呈透明玻璃状紧紧黏附在铁片上，不易清除，如图193。而不同的假冒磷酸二氢钾颗粒放在灼热的铁片上，有的迅速熔化沸腾，有的冒白烟，颗粒缩小；残留物冷却后有的呈不透明白色固体状物质，如图194；有的呈不透明白色泡状（灼烧后呈不透明泡状物的为硫酸镁），如图195；有的呈黄白色颗粒状，如图196；假冒磷酸二氢钾颗粒烧灼后残留物不黏附铁片，极易清除。

图193　磷酸二氢钾熔化冷却后，呈透明玻璃状

图194　上海二氢钾熔化冷却后，呈白色固体状

图195　锌硼二氢钾熔化冷却呈白色泡状

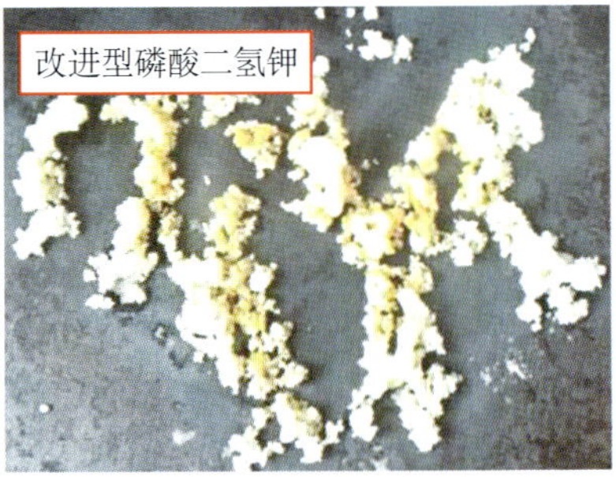

图196　改进型磷酸二氢钾灼烧残余物为黄白色固体

六试：即测试，试验。纯碱（碳酸钠）试验。将少量纯碱放入磷酸二氢钾溶液中，如果出现气泡应为真品，如图197；无变化或出现絮状物，应为假冒产品。

60.如何识别假缓释肥料？

图198、图199所标示的肥料为典型假冒缓释肥。2014年11月，唐山市丰南区一毕姓男子，通过丰润区泉河头镇某村退休镇干部销售该肥料。该肥料前后在泉河头镇十几个村庄进行销售，共卖出30余吨。后经群众举报，丰润区农业畜牧水产局共收缴假肥料80吨左右，因案值较大移送公安机关进行处理。

图197　磷酸二氢钾溶液遇碱产生气泡

图198　肥料名称、养分含量、执行标准等内容错误

图199　肥料颗粒与包装标识不相符

首先该肥料名称不正确，懒汉为修饰性文字。其次缓释肥料总养分（氮磷钾之和）应不低于30%，该肥料只含氮26%。许可证号不全，缺乏许可证发放的省份简称。肥料登记证号不存在，为虚假证号。肥料颗粒不是缓释肥料，为黄白色结晶体，遇水溶解，味咸，疑为氯化铵颗粒。

61.如何简单地判断真正的树脂包衣控释肥？

（1）加水不化。市场上销售的基本是控释掺混肥料，肥料由

图200　肥料水溶解试验

控释肥料颗粒和普通肥料颗粒组成，不同颗粒颜色也不同，一般有2～5种颜色颗粒。将不同颜色的颗粒分别放在盛满水的玻璃杯里，轻轻搅拌几分钟。普通肥料会较快溶解，颗粒变小或完全溶解，水呈混浊状；而控释肥则不会溶解，而且水质清澈，无杂质，颗粒周围有微小气泡冒出。如果几种颜色颗粒全部融化，则该肥料为普通复合肥；如果几种颜色颗粒只有一两种颜色颗粒不融化，且有微小气泡，该肥料颗粒初步判断为控释肥。

（2）肉眼法。将浸泡不溶解的肥料颗粒分拣出来，如果是热塑性树脂一般用指甲盖就可以拨开膜，一般的厚度只有20～100微米，揭下膜后，它是包在肥料上的一个完整的膜；如果是热固性树脂，膜比较难拨开，可用小刀轻轻切开，然后再撕开膜，厚度也是20～100微米。包衣比例一般在3%～10%。包硫尿素不是控释肥，属于缓释肥，一般是金黄色的，如果染色，也很容易看到它的底色是金黄色的。

（3）热水冲泡法。为进一步检测控释效果，可用热水浸泡控

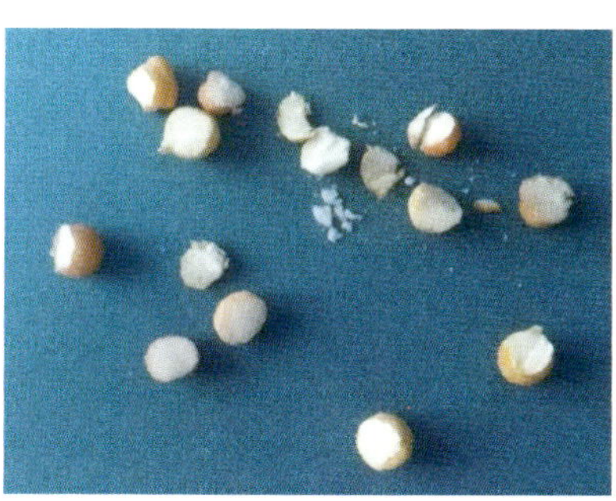
图201　控释肥料颗粒切开后白色晶体剖面

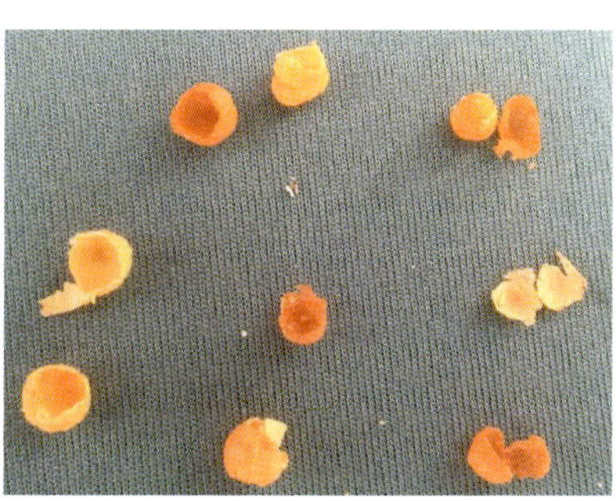
图202　控释肥料颗粒的树脂包膜

释肥进行检测。将100℃的热水倒入装有控释肥料颗粒的容器中，等水温降到常温后，用手指用力地捏肥料，如果发软的或一捏就碎的肥料占大多数，则控释效果较差，或不是控释肥；如果发软的是极少数，则可以基本确定是控释肥。

图203　热水冲泡控释肥料颗粒

62. 如何鉴别有机肥的真假？

（1）看标识。按肥料包装标识部分的内容来衡量标识正确与否，另外外文和繁体汉字包装的尽量不要购买。

（2）观颜色。有机肥经过长时间高温发酵腐熟，有机质转化彻底，颜色变为褐色或者黑褐色；劣质有机肥经过简单的物理烘干，粪便仍保持原有颜色或者淡黄色。

（3）闻气味。优质有机肥经彻底腐熟有一股特殊的酸香味，劣质有机肥带有氨臭味，有的能闻出粪便原有的味道，尤其遇水后更臭。

（4）用水泡。优质有机肥溶解后均匀分布水中，汤色均匀呈酱色；劣质有机肥短时间内会出现分层，容器底部沉入很多沙土等杂质，汤色浅或不变色，如图204。

（5）拿手捻。取有机肥用大拇指和食指来回碾压，如果有硌手的感觉，则里面有沙粒或其他杂质。

图204　不同质量有机肥浸泡溶解后表现

63. 如何鉴别复合微生物肥料、生物有机肥、微生物菌剂的真假？

菌肥类产品经高温腐熟发酵，含丰富的有益菌群，对改善土壤团粒结构，提高肥料利用率，增强作物抗病防病能力，改善农产品质量等效果都非常显著。不过由于其售价较高，市场上假冒伪劣产品较多。菌肥类产品的有效活菌看不见摸不着，从产品外观上看与普通有机肥料没有差别，那么如何鉴别真伪呢？

（1）从肥料外包装上判断。①检查包装上是否标识有效活菌数。如果没有，就是假冒伪劣产品。②检查包装上是否标有产品生产日期和有效期。生物肥料中的菌种是活的、有生命的，随着产品保存时间的延长，有效活菌数会不断减少，所以有些商家宣称保质期3年的产品是不存在的。③看包装上是否有肥料执行标准。复合微生物肥料执行标准为NY/T 798—2015，生物有机肥执行标准为NY 884—2012，微生物菌剂执行标准GB 20287—2006。看执行标准是否完整、是否废止、是否与名称一致。④看产品检验报告书。首先是查看该批产品检验报告上产品名称、检验依据、技术指标等与包装标识是否一致，一定要查看“监督检验”报告，而不是“委托检验”或者是生产企业自已出具的检验报告。

（2）看产品是否均匀。生物肥料的作用是靠具有特殊功能的微生物菌种实现的，产品含水量过高或过低都不利于菌种的存活，所以从含水量参考判断比较直接。抓一把肥料在阳光下观察是否潮湿，扬起来看看是否起灰尘。肥料潮湿抓握成团状，肥料干燥呈灰状。

生物肥料的原料是由多种有机营养物质组成的“套餐”，所以在光线下观察就应该能够看到多种原料的痕迹。一般产品的成分中含有植物秸秆（如玉米秸秆、玉米穗轴等），仔细观察可以看到原料的真实成分。

（3）看产品是否有效。生物肥料的作用是通过微生物菌种实现的，假如产品中没有这些微生物菌种或菌种含量不高、能力不强，施用效果可想而知。那么怎样鉴别菌种的活性呢？首先取少量产品加一点自来水调成面团状，放在蒸锅笼屉上进行蒸杀，冷却后再次蒸杀，这样反复进行3次，肥料中的菌种会被高温杀死，数量将会大幅度减少或消失，菌种所起的作用就基本消除了。第二步，将同一未处理过的生物肥料与反复蒸杀过的肥料分别施用在花盆中，经过一段时间，如果差异不明显，则说明该生物菌肥产品中的有效活菌的活力不强或者数量不足甚至没有。

64. 如何鉴别水溶肥料的真假？

（1）固体水溶肥料的选择。选择固体水溶肥料主要通过看、闻、溶3种方法。对于固体颗粒状肥料，主要看其颗粒的均匀程度，优质水溶肥料颗粒大小均匀一致，呈结晶状。若颗粒大小不一，尤其类似复合肥颗粒的产品，应谨慎购买。质量好的水溶肥料无明显气味，如有香味、酸味或刺鼻气味的肥料，都要慎重购买。高品质的水溶肥料在水中溶解迅速，溶液清澈无残渣及沉淀物。若肥料在水中溶解不完全，有残渣或沉淀，说明肥料质量较差。

（2）液体水溶肥料的选择。目前市场上液体水溶肥料主要有大量元素、微量元素、中量元素、腐植酸、氨基酸、有机水溶肥料六种。分辨其好坏主要靠看、称、闻、冻、测五种方法。一是看产品的物理形态。优质的液体肥料产品澄清透明，洁净无杂质。含氨基酸、腐植酸的悬浮液体肥料虽然溶液黑色不透明，但包装容器倒置后，容器底部无沉淀，质量差的产品容器内会出现很多固体不溶物。二是称重量。水溶肥料液体产品因为添加了多种营养元素和物质，其密度大于水的密度。合格的腐植酸、氨基酸、有机水溶肥料液体产品密度在1.25以上，即1升液体肥料重量在1.25千克以上，大、中、微量元素液体肥料密度在1.35以上。三是闻产品气味。优质产品没有明显气味，有些产品在弱酸或弱碱性条件下略有氨味。有浓重氨味的产品是酸碱度没掌握好，有香味是为遮掩某些熟悉的气味。四是通过冷冻，检验产品的稳定性。

低温情况下肥料产品会结晶析出。优质水溶肥料放置在冰箱里速冻24小时不会分层结晶，而分层结晶的产品没有选择好原料和控制好生产工艺。有些劣质液体水溶肥低温冷冻后，依然保持液体状态，虽不会出现分层结晶，但结晶出现在容器底部。结晶体在30℃左右气温中，没有任何变化，如图205。五是测，即用pH试纸检测产品的酸碱度。小厂家生产的液体肥料，一般其酸碱度控制不好，可能出现强酸或强碱现象，对作物不安全。优质产品pH接近中性或呈弱酸弱碱性。

图205　含氨基酸劣质水溶肥冷冻后出现结晶

第四讲
买到假劣肥料如何维权

65. 假劣肥料主要通过哪几种途径卖到农民手中?

(1) 农资忽悠团销售假劣肥料。农资忽悠团一般在农业科研院所、农业培训学校等单位租赁会议室，借着这些单位的名号，对农民宣传国家免费培训，把农民骗来后对农民进行洗脑宣传，然后将假劣化肥卖给农民。当然也有租赁宾馆会议大厅和临街门市房的，甚至租赁一些小化肥厂，在感官观上让农民相信这些肥料是正规的，质量是有把握的。在一个地区忽悠十天半个月，就溜之大吉，到其他地方再次忽悠。

(2) 借村干部之手销售假劣肥料。有些农资厂商利用村干部的威信，在村里推销假劣肥料，其实是售假者给了村干部好处，借村干部的影响销售产品，这些产品质量没有保证，他们赚钱走人，等发现问题时，村干部也负责不了。

(3)“游商”坑农。一些不法商贩打着“最高科技产品”“最新品种”的旗号，走村串户，他们“打一枪换一个地方”，农民称他们为“打走锤”。他们在村里“忽悠”一阵，收钱卖货一会。一看势头不好，急忙收拾摊子跑路。

(4)“坐商”骗人。有些农资经销商唯利是图，见利忘义，利用人们对他的信任售卖假劣肥料。有的为了不被识破，所卖的肥料真假结合，更加具有隐蔽性。

这些售假者摸透了一些农民贪小便宜、从众心理，盲目崇拜高科技、国外产品的特点，通过低价促销、高科技产品、专家讲课、免费赠送纪念品、请吃请喝、抽奖促销、聘“托”演双簧等手段，将假冒伪劣肥料销售出去。

66. 农民购买肥料应该注意的问题？

农民朋友购买肥料时要到有工商营业执照、固定经营场所、熟人处买知名品牌肥料。国内比较知名的肥料品牌有洋丰、沃夫特、云天化、三宁、东成盛世等；不要买“打走锤”或不知名小厂家肥料，很可能买到假肥料或含量不足的劣质肥料。其次购买肥料时一定索要发票，并留存包装和适当肥料样品，购买肥料超过50袋的，建议留取整袋肥料，购买数量较少的，应留存3 ~ 5千克样品。样品保存时注意防潮。

67. 购买到假劣肥料未造成损失的怎样维权？

如发现买的肥料是假劣肥料，而且尚未对农作物造成损害的，可凭购买发票或收据，要求经营者调换合格产品或退货；如已施用的，要和经营者进行协调，尽量将损失减少到最小。如经营者推卸责任的，可直接向当地工商、农业等管理部门投诉，或进行肥料质量检测后向当地工商、农业等管理部门投诉。

68. 购买到假劣肥料造成损失的怎样维权？

农民如发现所施肥料无肥效或造成作物减产，以及造成土壤污染的，可凭购买发票或收据，要求经营者调换合格产品或退货，同时协商解决造成的经济损失。如经营者推卸责任的，可直接向当地工商、农业等管理部门投诉，或进行肥料质量检测后向当地工商、农业等管理部门投诉。工商或农业部门根据农户单方或农户与经营者双方申请，进行仲裁鉴定，鉴定费用由败诉方承担。

附录 常见肥料执行标准及技术指标

表1　复混肥料（GB/T 15063—2009）主要技术指标

项目		指标		
		高浓度	中浓度	低浓度
总养分（N+P_2O_5+K_2O）[a] / %	≥	40	30	25
水溶性磷占有效磷[b] /%	≥	60	50	40
水分（H_2O）[c] /%	≤	2.0	2.5	5.0
粒度（1 ~ 4.75mm，3.35 ~ 5.6mm）[d] /%	≥	90	90	80
氯离子的质量分数[e]/% 未标“含氯”的产品	≤	3.0		
氯离子的质量分数[e]/% 标识“含氯（低氯）”的产品	≤	15.0		
氯离子的质量分数[e]/% 标识“含氯（中氯）”的产品	≤	30.0		

a标明单一养分含量不得低于4%，且单一养分测定值与标明值负偏差的绝对值不得大于1.5%。

b以钙镁磷肥等枸溶性磷肥为基础磷肥并在包装容器上注明为“枸溶性磷”的复混（合）肥料，“水溶性磷占有效磷百分率”项目不做检验和判定。若为氮、钾二元肥料，“水溶性磷占有效磷百分率”项目不做检验和判定。

c水分为出厂检验项目。

（续）

项　目	指　标		
	高浓度	中浓度	低浓度

d特殊形状或更大颗粒（粉状除外）产品的粒度可由供需双方协议确定。

e氯离子质量分数大于30%的产品，应在包装袋上标明“含氯（高氯）”，标识“含氯（高氯）”的产品氯离子的质量分数可不做检验和判定。

表2　掺混肥料（GB/T 21633—2008）主要技术指标

项　目		指　标
总养分（$N+P_2O_5+K_2O$）的质量分数[a] / %	≥	35
水溶性磷占有效磷[b] /%	≥	60
水分（H_2O）的质量分数/%	≤	2
粒度（2 ~ 4mm）/%	≥	70
氯离子的质量分数[c] / %	≤	3
中量元素单一养分的质量分数[d] / %	≥	2
微量元素单一养分的质量分数[e] / %	≥	0.02

a标明单一养分含量不得低于4%，且单一养分测定值与标明值负偏差的绝对值不得大于1.5%。

b以钙镁磷肥等枸溶性磷肥为基础磷肥并在包装容器上注明为“枸溶性磷”的掺混肥料，“水溶性磷占有效磷百分率”项目不做检验和判定。若为氮、钾二元肥料，“水溶性磷占有效磷百分率”项目不做检验和判定。

c包装标明“含氯”时不检验本项目。

d包装容器标明钙、镁、硫时，检测本项目。

e包装容器标明铜、铁、锰、锌、钼、硼时，检测本项目。

表3 有机无机复混肥料（GB/T 18877—2009）主要技术指标

项 目		指 标	
		Ⅰ型	Ⅱ型
总养分（$N+P_2O_5+K_2O$）的质量分数[a] / %	≥	15	25
水分（H_2O）的质量分数[b] / %	≤	12	12
有机质的质量分数/ %	≥	20	15
粒度（1.00 ~ 4.75mm或3.35 ~ 5.6 mm）[c] / %	≥	70	
酸碱度（pH）		5.5 ~ 8.0	
蛔虫卵死亡率/ %	≥	95	
粪大肠菌群数/（个/g）	≤	100	
氯离子的质量分数[d] / %	≤	3.0	
砷及其化合物的质量分数（以As计）/ %	≤	0.005 0	
镉及其化合物的质量分数（以Cd计）/ %	≤	0.001 0	
铅及其化合物的质量分数（以Pb计）/ %	≤	0.015 0	
铬及其化合物的质量分数（以Cr计）/ %	≤	0.050 0	
汞及其化合物的质量分数（以Hg计）/ %	≤	0.000 5	

a 标明单一养分含量不得低于3%，且单一养分测定值与标明值负偏差的绝对值不得大于1.5%。

b 水分以出厂检验数据为准。

c 指出厂检验数据，当用户对粒度有特殊要求时，可由供需双方协议确定。

d 如产品氯离子含量大于3.0%，并在包装容器上标明“含氯”，该项目可不作要求。

表4　磷酸二铵（GB/T 10205—2009）主要技术指标

项　目	传统法			料浆法		
	优等品 18-46-0	一等品 15-42-0	合格品 14-39-0	优等品 16-44-0	一等品 15-42-0	合格品 14-39-0
外观	颗粒状，无机械杂质					
总养分（$N+P_2O_5$）的质量分数/%　≥	64	57	53	60	57	53
总氮（N）的质量分数/%　≥	17	14	13	15	14	13
有效磷（P_2O_5）的质量分数/%　≥	45	41	38	43	41	38
水溶性磷占有效磷/%　≥	87	80	75	80	75	70
水分（H_2O）的质量分数[a]/%　≤	2.5	2.5	3.0	2.5	2.5	2.5
粒度（1～4mm）/%　≥	90	80	80	90	80	80

a 水分为推荐性要求。

表5-1　控释肥料（HG/T 4215—2011）主要技术指标

项　目	指　标	
	高浓度	中浓度
总养分（$N+P_2O_5+K_2O$）的质量分数[a,b]/%　≥	40	30
水溶性磷占有效磷质量分数[c]/%　≥	60	50
水分（H_2O）的质量分数[d]/%　≤	2.0	2.5
粒度（1.00～4.75mm或3.35～5.6 mm）/%　≥	90	
养分释放期[e]/d	标明值	
初期养分释放率[f]/%　≤	12	
28d累积养分释放率[f]/%　≤	75	
养分释放期的累积养分释放率[f]/%　≥	80	

（续）

项　　目	指　　标	
	高浓度	中浓度

a总养分可以是氮、磷、钾三种或两种之和，也可以是氮和钾中的任何一种养分。

b三元或两元控释肥料的单一养分含量不得低于4%。

c以钙镁磷肥等枸溶性磷肥为基础磷肥并在包装袋上注明为“枸溶性磷”的产品，未标明磷含量的产品，控释氮肥以及控释钾肥，“水溶性磷占有效磷质量分数”这一指标不做检验和判定。

d水分以出厂检验数据为准。

e养分释放期应以单一数值进行标注，其允许误差为20%。如标明值为180天，累积养分释放率达到80%的时间允许范围为（180±36）天。如标明值为90天，累积养分释放率达到80%的时间允许范围为（90±18）天。

f三元或两元控释肥料的养分释放率用总氮释放率来表征；对于不含氮的肥料，其养分释放率用钾释放率来表征。

表5-2　部分控释肥料主要技术指标

项　　目		指　　标
总养分（$N+P_2O_5+K_2O$）的质量分数 / %	≥	35
控释养分量[a] / %	≥	标明值
控释养分释放期		标明值
控释养分28d累积养分释放率/ %	≤	75
控释养分释放期的累积养分释放率/ %	≥	80

a控释养分为单一养分时，控释养分量应不小于8%，控释养分为氮和钾两种养分时，每种控释养分量应不小于4%。

表6-1　缓释肥料（GB/T 23348—2009）主要技术指标

项　　目		指　　标	
		高浓度	中浓度
总养分（$N+P_2O_5+K_2O$）的质量分数[a, b] / %	≥	40	30

（续）

项　　目		指　　标	
		高浓度	中浓度
水溶性磷占有效磷质量分数[c] /%	≥	60	50
水分（H_2O）的质量分数 / %	≤	2.0	2.5
粒度（1.00 ~ 4.75mm或3.35 ~ 5.6 mm）/ %	≥	90	
养分释放期[d] /d		标明值	
初期养分释放率[e] / %	≤	15	
28d累积养分释放率[e] / %	≤	80	
养分释放期的累积养分释放率[e] / %	≥	80	

a总养分可以是氮、磷、钾三种或两种之和，也可以是氮和钾中的任何一种养分。

b三元或两元控释肥料的单一养分含量不得低于4%。

c以钙镁磷肥等枸溶性磷肥为基础磷肥并在包装袋上注明为“枸溶性磷”的产品，未标明磷含量的产品，控释氮肥以及控释钾肥，“水溶性磷占有效磷质量分数”这一指标不做检验和判定。

d养分释放期应以单一数值进行标注，其允许误差为25%。如标明值为180天，累积养分释放率达到80%的时间允许范围为（180±45）天。如标明值为90天，累积养分释放率达到80%的时间允许范围为（90±23）天。

e三元或两元缓释肥料的养分释放率用总氮释放率来表征；对于不含氮的肥料，其养分释放率用钾释放率来表征。

除表中的指标外，其他指标应符合相应产品标准的规定，如复混（合）肥料、掺混肥料氯离子的含量、尿素中的缩二脲含量。

表6-2　部分缓释肥料主要技术指标

项　　目		指　　标
缓释养分量[a] / %	≥	标明值
缓释养分释放期/月	=	标明值
缓释养分28d累积养分释放率/%	≤	80
缓释养分释放期的累积养分释放率/%	≥	80

a缓释养分为单一养分时，缓释养分量应不小于8%，缓释养分为氮和钾两种养分时，每种缓释养分量应不小于4%。

表7-1　稳定性肥料（HG/T 4135—2010）主要技术指标

项　　目	稳定性肥料Ⅰ型[a]	稳定性肥料2型	稳定性肥料3型[a]
尿素残留差异率/%　≥	25	—	25
硝化抑制率/%　≥	—	6	6

a Ⅰ型和3型应含尿素。

表7-2　稳定性肥料（GB/T 35113—2017）主要技术指标

项　　目	稳定性肥料Ⅰ型（仅含脲酶抑制剂）	稳定性肥料2型（仅含硝化抑制剂）	稳定性肥料3型（同时含有两种抑制剂）
尿素残留差异率/%　≥	25	不做要求	25
硝化抑制率/%　≥	不做要求	6	6

注：该标准将于2018年7月1日后执行。

表8-1　脲醛缓释肥料（HG/T 4137—2010）主要技术指标

项　　目	指　标		
	脲甲醛（UF/MU）	异丁叉二脲（IBDU）	丁烯叉二脲（CDU）
总氮（TN）的质量分数　≥	36.0	28.0	28.0
尿素氮（UN）的质量分数　≤	5.0	3.0	3.0
冷水不溶性氮的质量分数（CWIN）　≥	14.0	25.0	25.0
热水不溶性氮的质量分数（HWIN）　≤	16.0	—	—
缓释有效氮的质量分数　≥	8.0	25.0	25.0
活性系数（AI）　≥	40	—	—
水分（H_2O）的质量分数[a]　≤	3.0		
粒度（1.00～4.75mm，3.35～5.6mm）[b]　≥	90		

a对于粉状产品，水分的质量分数≤5%。

b对于粉状产品，粒度不做要求，特殊形状或更大颗粒产品（粉状产品除外）的粒度由供需双方协议确定。

表8-2　含有部分脲醛缓释肥料主要技术指标

项　目		指　标
缓释有效氮的质量分数（以冷水不溶性氮CWIN计）[a]	≥	标明值
总氮（TN）的质量分数[b]	≥	18
中量元素单一养分的质量分数[c] /%	≥	2
微量元素单一养分的质量分数[d] /%	≥	0.02

a肥料为单一单养分时缓释有效氮（以冷水不溶性氮CWIN计）不应小于4%；肥料养分为两种或两种以上时，缓释有效氮（以冷水不溶性氮CWIN计）不应小于2%。应注明缓释氮的形式，如脲甲醛（UF/MU）、异丁叉二脲(IBDU)、丁烯叉二脲(CDU)。

b该项目仅适应于含有一定量脲醛缓释肥料的缓释氮肥。

c包装容器标明钙、镁、硫时，检测该项指标。

d包装容器标明铜、铁、锰、锌、钼、硼时，检测该项指标。

表9-1　农业用硫酸钾（GB/T 20406—2006）主要技术指标

项　目		粉末结晶状			颗粒状		
		优等品	一等品	合格品	优等品	一等品	合格品
氧化钾（K_2O）的质量分数/%	≥	50	50	45	50	50	40
氯离子（Cl^-）的质量分数/%	≤	1.0	1.5	2.0	1.0	1.5	2.0
水分（H_2O）的质量分数/%	≤	0.5	1.5	3.0	0.5	1.5	3.0
游离酸（以H_2SO_4计）的质量分数/%	≤	1.0	1.5	2.0	1.0	1.5	2.0
粒度（粒径1.00～4.75mm或3.35～5.6mm）/%	≥	—	—	—	90	90	90

表9-2　农业用硫酸钾（GB/T 20406—2017）主要技术指标

项　目		粉末结晶状			颗粒状	
		优等品	一等品	合格品	优等品	合格品
水溶性氧化钾（K_2O）的质量分数/%	≥	52	50	45	50	45

（续）

项　　目	粉末结晶状			颗粒状	
	优等品	一等品	合格品	优等品	合格品
硫（S）的质量分数/%　≥	17	16	15	16	15
氯离子（Cl^-）的质量分数/%　≤	1.5	2.0	2.0	1.5	2.0
水分（H_2O）的质量分数/%　≤	1.0	1.5	2.0	1.5	2.5
游离酸（以H_2SO_4计）的质量分数/%　≤	1.0	1.5	2.0	2.0	2.0
粒度（粒径1.00～4.75mm或3.35～5.6mm）/%　≥	—	—	—	90	90

注：该标准将于2018年7月1日后执行。

表10　农业用氯化钾（GB/T 6549—2011 Ⅱ）主要技术指标

项　　目	指　　标		
	优等品	一等品	合格品
氧化钾（K_2O）的质量分数/%　≥	60	57	55
水分（H_2O）的质量分数/%　≤	2	4	6

注：除水分外，各组分质量分数均以干基计。

表11　肥料级磷酸二氢钾（HG/T 2321—2016）主要技术指标

项　　目	等　　级		
	优等品	一等品	合格品
磷酸二氢钾（KH_2PO_4）的质量分数/%　≥	98.0	96.0	94.0
水溶性五氧化二磷（H_2PO_5）的质量分数/%　≥	51.0	50.0	49.0
氧化钾（K_2O）的质量分数/%　≥	33.8	33.2	30.5
水分/%　≤	0.5	1.0	1.5
氯化物（Cl）的质量分数/%　≤	1.0	1.5	3.0

（续）

项　目	等　级		
	优等品	一等品	合格品
水不溶物的质量分数/%　≤	0.3		
pH	4.3 ~ 4.9		
砷及其化合物的质量分数（以As计）/ %　≤	0.005 0		
镉及其化合物的质量分数（以Cd计）/ %　≤	0.001 0		
铅及其化合物的质量分数（以Pb计）/ %　≤	0.020 0		
铬及其化合物的质量分数（以Cr计）/ %　≤	0.050 0		
汞及其化合物的质量分数（以Hg计）/ %　≤	0.000 5		

表12　有机肥料（NY 525—2012）主要技术指标

项　目	指　标
有机质的质量分数（以烘干基计）/%	≥ 45.0
总养分（氮+五氧化二磷+氧化钾）的质量分数（以烘干基计）/%	≥ 5.0
水分（鲜样）的质量分数/%	≤ 30.0
酸碱度（pH）	5.5 ~ 8.5
总砷（以As计）（以烘干基计）/（mg/kg）	≤ 15
总汞（以Cd计）（以烘干基计）/（mg/kg）	≤ 2
总铅（以Pb计）（以烘干基计）/（mg/kg）	≤ 50
总镉（以Cr计）（以烘干基计）/（mg/kg）	≤ 3
总铬（以Hg计）（以烘干基计）/（mg/kg）	≤ 150

表13-1　生物有机肥（NY 884—2012）主要技术指标

项　目	技术指标
有效活菌数（cfu）/（亿/g）	≥ 0.2

（续）

项　　目	技术指标
有机质（以干基计）/%	≥40.0
水分/%	≤30
pH	5.5～8.5
粪大肠菌群数/（个/g）	≤100
蛔虫卵死亡率/（%）	≥95
有效期/月	≥6

表13-2　生物有机肥重金属限量指标要求

项　　目	限量指标
总砷（以As计）（以烘干基计）/（mg/kg）	≤15
总镉（以Cd计）（以烘干基计）/（mg/kg）	≤3
总铅（以Pb计）（以烘干基计）/（mg/kg）	≤50
总铬（以Cr计）（以烘干基计）/（mg/kg）	≤150
总汞（以Hg计）（以烘干基计）/（mg/kg）	≤2

表14-1　复合微生物肥料（NY/T 798—2015）主要技术指标

项　　目	剂　　型	
	液体	固体
有效活菌数（cfu）[a]/［亿/g（mL)］	≥0.50	≥0.20
总养分（$N+P_2O_5+K_2O$）[b]/%	6.0～20.0	8.0～25.0
有机质（以烘干基计）/%	—	≥20.0
杂菌率/%	≤15	≤30
水分/%	—	≤30
pH	5.5～8.5	5.5～8.5
有效期[c]/月	≥3	≥6

（续）

项　目	剂　型	
	液体	固体

a 含两种以上有效菌的复合微生物肥料，每一种有效菌的数量不得少于0.1亿/g（毫升）。

b 总养分应为规定范围内的某一确定值，其测定值与标明值的正负偏差的绝对值不应大于2%，各单一养分值应不少于总养分含量的15%。

c 此项仅在监督部门或仲裁双方认为有必要时才检测。

表14-2　复合微生物肥料无害化指标要求

项　目	限量指标
粪大肠菌群数/（个/g）	≤100
蛔虫卵死亡率/%	≥95
总砷（以As计）（以烘干基计）/（mg/kg）	≤15
总镉（以Cd计）（以烘干基计）/（mg/kg）	≤3
总铅（以Pb计）（以烘干基计）/（mg/kg）	≤50
总铬（以Cr计）（以烘干基计）/（mg/kg）	≤150
总汞（以Hg计）（以烘干基计）/（mg/kg）	≤2

表15-1　微生物菌剂（GB 20287—2006）主要技术指标

项　目	剂　型		
	液体	粉剂	颗粒
有效活菌数（cfu）[a]/（亿/g或亿/mL）　≥	2.0	2.0	1.0
霉菌杂菌数/（亿/g或亿/mL）　≤	3×10^6	3×10^6	3×10^6
杂菌率/%　≤	10.0	20.0	30.0
水分/%　≤	—	35.0	20.0
细度/%　≥	—	80	80
pH	5～8	5.5～8.5	5.5～8.5
有效期[b]/月　≥	3	6	

（续）

项　　目	剂　　型		
	液体	粉剂	颗粒

a复合菌剂，每一种有效菌的数量不得少于0.01亿/g或0.01亿/mL。以单一的胶质芽孢杆菌制成的粉剂产品中有效活菌数不少于1.2亿/g。

b此项仅在监督部门或仲裁双方认为有必要时才检测。

表15-2　有机物料腐熟剂产品的技术指标

项　　目		剂　　型		
		液体	粉剂	颗粒
有效活菌数（cfu）/（亿/g或亿/mL）	≥	1.0	0.5	0.5
纤维素酶活[a]（U/g或U/mL）	≥	30.0	30.0	30.0
蛋白酶活[b]（U/g或U/mL）	≥	15.0	15.0	15.0
水分/%	≤	—	35.0	20.0
细度/%	≥	—	70	70
pH		5 ～ 8.5	5.5 ～ 8.5	5.5 ～ 8.5
有效期[c]/月	≥	3	6	

a以农作物秸秆类为腐熟对象测定纤维素酶活。

b以畜禽粪便类为腐熟对象测定蛋白酶活。

c此项仅在监督部门或仲裁双方认为有必要时才检测。

表15-3　农用微生物菌剂产品无害化指标要求

项　　目	限量指标
粪大肠菌群数/（个/g）	≤100
蛔虫卵死亡率/%	≥95
总砷（以As计）（以烘干基计）/（mg/kg）	≤15
总镉（以Cd计）（以烘干基计）/（mg/kg）	≤3
总铅（以Pb计）（以烘干基计）/（mg/kg）	≤50
总铬（以Cr计）（以烘干基计）/（mg/kg）	≤150

（续）

项　　目	限量指标
总汞（以Hg计）（以烘干基计）/（mg/kg）	≤2

表16-1　大量元素水溶肥料（NY 1107—2010）（中量元素型）固体产品主要技术指标

项　　目	指　　标
大量元素含量[a]/%	≥50
中量元素含量[b]/%	≥1
水不溶物含量/%	≤5
pH（1∶250倍稀释）	3.0～9.0
水分（H_2O）/%	≤3.0

a大量元素含量指N、P_2O_5、K_2O含量之和，产品至少包含两种大量元素。单一大量元素含量不低于4%。

b中量元素含量是指钙、镁元素之和。产品至少包含一种中量元素。含量不低于0.1%单一中量元素均应计入到中量元素含量中。

表16-2　大量元素水溶肥料（中量元素型）液体产品主要技术指标

项　　目	指　　标
大量元素含量[a]/（g/L）	≥500
中量元素含量[b]/（g/L）	≥10
水不溶物含量/（g/L）	≤50
pH（1∶250倍稀释）	3.0～9.0

a大量元素含量指N、P_2O_5、K_2O含量之和，产品至少包含两种大量元素。单一大量元素含量不低于40g/L。

b中量元素含量是指钙、镁元素之和。产品至少包含一种中量元素。含量不低于1g/L单一中量元素均应计入到中量元素含量中。

表16-3 大量元素水溶肥料（微量元素型）固体产品主要技术指标

项　　目	指　　标
大量元素含量[a]/%	≥50
微量元素含量[b]/%	0.2～3.0
水不溶物含量/%	≤5
pH（1：250倍稀释）	3.0～9.0
水分（H_2O）/%	≤3.0

a大量元素含量指N、P_2O_5、K_2O含量之和，产品至少包含两种大量元素。单一大量元素含量不低于4%。

b微量元素含量是指铜、铁、锰、锌、钼、硼元素之和。产品至少包含一种微量元素。含量不低于0.05%单一微量元素均应计入到微量元素含量中。钼含量不高于0.5%。

表16-4 大量元素水溶肥料（微量元素型）液体产品主要技术指标

项　　目	指　　标
大量元素含量[a]/（g/L）	≥500
微量元素含量[b]/（g/L）	2～30
水不溶物含量/（g/L）	≤50
pH（1：250倍稀释）	3.0～9.0

a大量元素含量指N、P_2O_5、K_2O含量之和，产品至少包含两种大量元素。单一大量元素含量不低于40 g/L。

b微量元素含量是指铜、铁、锰、锌、钼、硼元素之和。产品至少包含一种微量元素。含量不低于0.5g/L单一微量元素均应计入到微量元素含量中。钼含量不高于5g/L。

表17-1 微量元素水溶肥料（NY 1428—2010）固体产品主要技术指标

项　　目	指　　标
微量元素含量[a]/%	≥10
水不溶物含量/%	≤5
pH（1：250倍稀释）	3.0～10.0
水分（H_2O）/%	≤6.0

（续）

项　　目	指　　标

a微量元素含量是指铜、铁、锰、锌、钼、硼元素之和。产品至少包含一种微量元素。含量不低于0.05%单一微量元素均应计入到微量元素含量中。钼含量不高于1%（单质含钼微量元素产品除外）。

表17-2　微量元素水溶肥料液体产品主要技术指标

项　　目	指　　标
微量元素含量[a]/（g/L）	≥100
水不溶物含量/（g/L）	≤50
pH（1 ：250倍稀释）	3.0 ～ 10.0

a微量元素含量是指铜、铁、锰、锌、钼、硼元素之和。产品至少包含一种微量元素。含量不低于0.5 g/L单一微量元素均应计入到微量元素含量中。钼含量不高于10g/L（单质含钼微量元素产品除外）。

表18-1　中量元素水溶肥料（NY 2266—2012）固体产品主要技术指标

项　　目	指　　标
中量元素含量[a]/%	≥10
水不溶物含量/%	≤5
pH（1 ：250倍稀释）	3.0 ～ 10.0
水分（H_2O）/%	≤6.0

a中量元素含量是指钙含量，或镁含量，或钙、镁含量之和。含量不低于1.0%单一中量元素均应计入到中量元素含量中。硫元素不计入中量元素含量，仅在标识中标注。

表18-2　中量元素水溶肥料液体产品主要技术指标

项　　目	指　　标
中量元素含量[a]/（g/L）	≥100
水不溶物含量/（g/L）	≤50
pH（1 ：250倍稀释）	3.0 ～ 9.0

（续）

项　　目	指　　标

a中量元素含量是指钙含量，或镁含量，或钙、镁含量之和。含量不低于10 g/L单一中量元素均应计入到中量元素含量中。硫元素不计入中量元素含量，仅在标识中标注。

表19-1　含氨基酸水溶肥料（NY 1429—2010）（中量元素型）固体产品主要技术指标

项　　目	指　　标
游离氨基酸含量/%	≥10.0
中量元素含量[a]/%	≥3.0
水不溶物含量/%	≤5.0
pH（1 ∶ 250倍稀释）	3.0 ～ 9.0
水分（H_2O），%	≤4.0

a中量元素含量是指钙、镁元素之和。产品至少包含一种中量元素。含量不低于0.1%单一中量元素均应计入到中量元素含量中。

表19-2　含氨基酸水溶肥料（中量元素型）液体产品主要技术指标

项　　目	指　　标
游离氨基酸含量/（g/L）	≥100
中量元素含量[a]/（g/L）	≥30
水不溶物含量/（g/L）	≤50
pH（1 ∶ 250倍稀释）	3.0 ～ 9.0

a中量元素含量是指钙、镁元素之和。产品至少包含一种中量元素。含量不低于1g/L单一中量元素均应计入到中量元素含量中。

表19-3　含氨基酸水溶肥料（微量元素型）固体产品主要技术指标

项　　目	指　　标
游离氨基酸含量/%	≥10.0

（续）

项　　目	指　　标
微量元素含量[a]/%	≥2.0
水不溶物含量/%	≤5.0
pH（1 ：250倍稀释）	3.0 ～ 9.0
水分（H_2O）/%	≤4.0

a微量元素含量是指铜、铁、锰、锌、钼、硼元素之和。产品至少包含一种微量元素。含量不低于0.05%单一微量元素均应计入到微量元素含量中。钼含量不高于0.5%。

表19-4　含氨基酸水溶肥料（微量元素型）液体产品主要技术指标

项　　目	指　　标
游离氨基酸含量/（g/L）	≥100
微量元素含量[a]/（g/L）	≥20
水不溶物含量（g/L）	≤50
pH（1 ：250倍稀释）	3.0 ～ 9.0

a微量元素含量是指铜、铁、锰、锌、钼、硼元素之和。产品至少包含一种微量元素。含量不低于0.5g/L单一微量元素均应计入到微量元素含量中。钼含量不高于5g/L。

表20-1　含腐植酸水溶肥料（NY 1106—2010）（大量元素型）固体产品主要技术指标

项　　目	指　　标
腐植酸含量/%	≥3.0
大量元素含量[a]/%	≥20.0
水不溶物含量/%	≤5.0
pH（1 ：250倍稀释）	4.0 ～ 10.0
水分（H_2O）/%	≤5.0

a大量元素含量指N、P_2O_5、K_2O含量之和，产品至少包含两种大量元素。单一大量元素含量不低于2%。

表20-2　含腐植酸水溶肥料（大量元素型）液体产品主要技术指标

项　　目	指　　标
腐植酸含量/（g/L）	≥30
大量元素含量[a]/（g/L）	≥200
水不溶物含量（g/L）	≤50
pH（1：250倍稀释）	4.0～10.0

a大量元素含量指N、P_2O_5、K_2O含量之和，产品至少包含两种大量元素。单一大量元素含量不低于20g/L。

表20-3　含腐植酸水溶肥料（微量元素型）产品主要技术指标

项　　目	指　　标
腐植酸含量/%	≥3.0
微量元素含量[a]/%	≥6.0
水不溶物含量/%	≤5.0
pH（1：250倍稀释）	4.0～10.0
水分（H_2O）/%	≤5.0

a微量元素含量是指铜、铁、锰、锌、钼、硼元素之和。产品至少包含一种微量元素。含量不低于0.05%单一微量元素均应计入到微量元素含量中。钼含量不高于0.5%。

表21　含氨基酸叶面肥料（GB/T 17419—1998）主要技术指标

项　　目	指　　标	
	发酵	化学水解
氨基酸含量[a]/%　≥	8.0	10.0
微量元素含量[b]（Cu、Fe、Mn、Zn、Mo、B）总量（以元素计）/%　≥	2.0	
水不溶物含量/%　≤	5.0	
pH	3.5～8.0	

（续）

项目		指标	
		发酵	化学水解
有害元素	总砷（以As计）（以元素计）/% ≤	0.002	
	总镉（以Cd计）（以元素计）/% ≤	0.002	
	总铅（以Pb计）（以元素计）/% ≤	0.01	

a 氨基酸分为发酵和化学水解两种，产品的类型按生产工艺流程划分。
b 微量元素铜、铁、锰、锌、钼、硼的两种或两种以上元素之和，含量小于0.2%的不计。

表22 含微量元素叶面肥料（GB/T 17420—1998）主要技术指标

项目		指标	
		固体	液体
微量元素含量（Cu、Fe、Mn、Zn、Mo、B）总量（以元素计）/% ≥		10.0	
水分（H_2O）/% ≤		5.0	—
水不溶物含量/% ≤		5.0	
pH（固体1+250水溶液，液体为原液）		5.0 ~ 8.0	≥ 3.0
有害元素	总砷（以As计）（以元素计）/% ≤	0.002	
	总镉（以Cd计）（以元素计）/% ≤	0.002	
	总铅（以Pb计）（以元素计）/% ≤	0.01	

注：微量元素铜、铁、锰、锌、钼、硼的两种或两种以上元素之和，含量小于0.2%的不计。

表23-1 尿素（GB/T 2440—2001）主要技术指标

项目	农业用		
	优等品	一等品	合格品
总氮（N）（以干基计）/% ≥	46.4	46.2	46.0
缩二脲/% ≤	0.9	1.0	1.5
水分（H_2O）/% ≤	0.4	0.5	1.0

（续）

项目			农业用		
			优等品	一等品	合格品
亚甲基二脲（以HCHO计）/%		≤	0.6	0.6	0.6
粒度/%	d 0.85 ~ 2.80mm d 1.18 ~ 3.35mm d 2.0 ~ 4.75mm d 4.0 ~ 8.0mm	≥ ≥ ≥ ≥	93	90	90

若尿素生产工艺中不加甲醛，可不做亚甲基二脲含量的测定，指标中粒度项只需符合四挡中任一档即可，包装标识中应标明。

表23-2　农业用尿素（GB/T 2440—2017）主要技术指标

项目		等级	
		优等品	合格品
总氮（N）的质量分数/%	≥	46.0	45.0
缩二脲的质量分数/%	≤	0.9	1.5
水分（H_2O）/%	≤	0.5	1.0
亚甲基二脲（以HCHO计）/%	≤	0.6	0.6

注：该标准将于2018年7月1日后执行。

表24　农业用氯化铵（GB/T 2946—2008）主要技术指标

项目		优等品	一等品	合格品
氮（N）的质量分数（以干基计）/%	≥	25.4	25.0	24.0
水分质量分数[a]/%	≤	0.5	1.0	7.0
钠盐的质量分数[b]（以Na计）/%	≤	0.8	1.0	1.6
粒度[c]（2.0 ~ 4.0mm）/%	≤	75	70	—

a 水分质量分数指出厂检验结果。
b 钠盐的质量分数以干基计。
c 结晶状产品无粒度要求，粒状产品至少要达到一等品的要求。

表25 硫酸铵（GB/T 535—1995）主要技术指标

项目		指标		
		优等品	一等品	合格品
外观		白色结晶，无可见机械杂质	无可见机械杂质	
氮（N）（以干基计）/%	≥	21.0	21.0	20.5
水分（H_2O）/%	≤	0.2	0.3	1.0
游离酸（H_2SO_4）含量/%	≤	0.03	0.05	0.20

表26 脲铵氮肥（HG/T 4214—2011）主要技术指标

项目			指标
总氮（N）的质量分数/%		≥	26.0
尿素态氮的质量分数[a]/%		≥	10.0
铵态氮的质量分数[a]/%		≥	4.0
水分（H_2O）的质量分数[b]/%		≤	2.0
粒度（粒径1.00 ～ 4.75mm或3.35 ～ 5.6mm）[c]/%		≥	90
缩二脲的质量分数/%		≤	1.5
中、微量元素的质量分数（以单质计）[d]/%	标识微量元素（单一元素）	≥	0.02
	标识中量元素（单一元素）	≥	2.0
氯离子的质量分数[e]/%	未标“含氯”的产品	≤	3.0
	标识“含氯（低氯）”的产品	≤	15.0
	标识“含氯（中氯）”的产品	≤	30.0

a尿素态氮、铵态氮的测定值与标明值负偏差的绝对值不应大于1.5%。

b水分以出厂检验数据为准。

c特殊形状或更大颗粒（粉状产品除外）产品的粒度可由供需双方协议确定。

d包装容器标明含有钙、镁、硫、铜、铁、锰、锌、钼、硼时检测本项目。

e氯离子质量分数大于30%的产品，应在包装袋上标明“含氯（高氯）”，标明“含氯（高氯）”的产品，氯离子的质量分数可不做检验和判定。

图书在版编目（CIP）数据

肥料识假辨劣与维权／陈亚东著．—北京：中国农业出版社，2018.7（2020.4重印）
ISBN 978-7-109-24177-0

Ⅰ.①肥… Ⅱ.①陈… Ⅲ.①肥料－伪劣产品－鉴别 Ⅳ.①F767.16

中国版本图书馆CIP数据核字（2018）第120610号

中国农业出版社出版
（北京市朝阳区麦子店街18号楼）
（邮政编码 100125）
责任编辑 郭银巧

中农印务有限公司印刷 新华书店北京发行所发行
2018年7月第1版 2020年4月北京第7次印刷

开本：880 mm×1230 mm 1/32 印张：3.5
字数：100千字
定价：25.00元